Prinzessinnen Kochbuch

Köstliche Rezepte von ganz einfach bis majestätisch

Kochbuch für Teenager sowie alle anderen Prinzessinnen

Michele F. Wagner

1. Auflage
2025

Gronau, Deutschland

WESTEN | WUNDERKIND Verlag

Für mehr tolle Kochbücher
folge unseren Social-Media Kanälen:

TikTok

Instagram

@westen_wunderkind_verlag

Oder besuche uns auf unserer Website:
www.westen-wunderkind.de

Impressum

Deutsche Erstausgabe Mai 2025

Text
Michele F. Wagner

Illustration, Satz und Cover
Francisco Westen

Verlag
WESTEN GmbH
Damaschkering 35
48599 Gronau
www.westen-wunderkind.de
info@westen-wunderkind.de

ISBN: 978-3-911095-07-5

Bibliografische Information der deutschen Nationalbibliothek:
Die deutsche Nationalbibliothek verzeichnet diese Publikation in der deutschen Nationalbibliografie; detaillierte bibliografische Daten sind im Internet über dnb.dnb.de abrufbar.

Einleitung

Willkommen im majestätischen Reich der Kulinarik 8
Die Grundlagen der royalen Ernährung 10
Die hoheitliche Küchenschule 13
Der königliche Vorratsschrank 17
Prinzessinnen Lifestyle 21
Die Kunst des exklusiven Anrichtens 23
Rettet die Schätze ihrer Majestät! 25
Eine königliche Reise durch die Weltküche 28
Meal Prep für die Krone 30
Trinken wie eine Prinzessin 33

Rezepte

Das Frühstücksbankett: Morgendliche Zauberei

Overnight Oats mit Beerenkrone 36
Kronjuwelen-Smoothie Bowl 37
Königinnen-Crêpes mit Zitronencreme 38
Prinzessinnen-Pancakes 39
Frühstückswaffeln mit Vanilleglanz 40
Prinzessinnen-Porridge mit Himbeerzauber 41
Feenhaftes Fruchtparfait 42
Marmeladen-Törtchen à la Royale 43
Herzhaftes Avocado-Toast mit Ei on Top 44
Blaubeer-Muffins aus der Schlossbäckerei 45
Royale Lachs-Avocado-Bagels 46
Mediterranes Rührei mit Tomaten und Feta 47
Süßkartoffel-Spinat-Wrap 48

Hauptgerichte aus der Schlossküche

Schnelles Kochen mit Basics aus der Vorratskammer

Pasta Royale mit Knoblauch und Öl ... 49
Majestätische Gemüsesuppe ... 50
Kartoffel-Salat à la Krone ... 51
Thunfisch-Pasta-Krönung ... 52
Reis-Pfanne für die Hoheit ... 53

Snacks und Fingerfood für königliche Feste

Mini-Quiches Royale ... 54
Blätterteig-Kronen mit Lachs und Frischkäse ... 55
Caprese-Spieße ... 56
Gefüllte Champignons mit Kräuterkruste ... 57
Datteln im Speckmantel ... 58
Hähnchen-Saté-Spieße mit Erdnusssoße ... 59

Majestätische Klassiker (für Fortgeschrittene)

Rinderfilet Wellington ... 60
Coq au Vin ... 62
Lammkarree mit Kräuterkruste ... 64
Risotto Milanese mit Jakobsmuscheln ... 66
Auberginen-Cannelloni ... 68

Küche aus allen Teilen der Welt (für Fortgeschrittene)

Chicken Curry (Indien) ... 70
Gulasch mit Nudeln (Ungarn) ... 71
Paella (Spanien) mit Gemüse und Hähnchen ... 72
Pad Thai (Thailand) mit Hähnchen oder Tofu ... 73
Ratatouille (Frankreich) ... 74

Traditionelle Hausmannskost

Rinderrouladen mit Rotkohl und Kartoffeln ... 75
Kasseler mit Sauerkraut und Kartoffeln ... 76
Hühnerfrikassee mit Reis ... 77
Matjes nach Hausfrauenart mit Salzkartoffeln ... 78

Senfeier mit Kartoffeln 79

Royale Pasta

Penne Arrabbiata 80
Spaghetti alla Carbonara 81
Fettuccine Alfredo 82
Orecchiette mit Brokkoli und Sardellen 83

Pfannengerichte deluxe

Cremige One-Pot-Pasta mit Spinat & Pilzen 84
Rinderstreifen mit Paprika in Teriyaki-Soße 85
Hähnchenbrust in Honig-Senf-Soße 86
Lachsfilet mit Zitronenbutter & Gemüse 87

Aus dem Backofen

Nudelauflauf mit Tomatensoße & Mozzarella 88
Kartoffelgratin mit Käsekruste 89
Hähnchen vom Blech mit Gemüse 90
Gefüllte Paprika aus dem Ofen 91
Ofenfrittata mit Gemüse und Käse 92

Selbstgemachtes Fastfood

Tacos mit Hackfleisch 93
Fisch & Chips 94
Gyros Pita 95
American Cheeseburger 96
Börek mit Käsefüllung 97

Superfoods in der königlichen Küche

Quinoa-Gemüsepfanne mit Kichererbsen 98
Linsen-Dal mit Kokosmilch und Kurkuma 99
Süßkartoffel-Curry mit Kichererbsen 100
Zucchini-Nudeln mit Cashew-Pesto 101

Leicht und köstlich

Hähnchenbrust mit Zitronen-Kräuter-Marinade 102
Spinat-Ricotta-Omelett 103

Gebratene Garnelen mit Knoblauch und Zucchini 104
Asiatische Gemüsepfanne mit Tofu und Sesam 105
Blumenkohl-"Reis" mit Hähnchenstreifen und Erdnusssoße 106
Leichte Tomaten-Zucchini-Tarte 107
Thunfisch-Avocado-Bowl mit Reis 108

Königliche Grillgerichte

Hähnchenflügel mit scharfer Marinade 109
Grillsteak mit Knoblauch-Kräuter-Butter 110
Schweinefilet in Honig-Senf-Kruste 111
Umwickelte Hähnchenbrust mit Honigglasur 112
Mediterrane Spieße mit Kräutern 113
Halloumi-Gemüse-Spieße 114
Knoblauch-Kräuter-Champignons 115
Gegrillte Ananas mit Zimt und Honig 116

Suppen: ein royaler Genuss

Cremige Tomatensuppe 117
Kartoffelsuppe 118
Kürbiscremesuppe mit Kokosmilch 119
Italienische Minestrone mit Pasta 120
Schnelle Hühnersuppe mit Gemüse 121
Cremige Brokkolisuppe mit Käse 122
Zauberhafte Linsensuppe mit orientalischen Gewürzen 123
Mexikanischer Bohnen-Eintopf 124
Französische Zwiebelsuppe mit Käse-Croûtons 125

Salate für die Krone

Caesar Salat mit knusprigen Croûtons 126
Griechischer Bauernsalat 127
Bunter Quinoa-Gemüse-Salat 128
Caprese-Salat mit Balsamico-Glasur 129

Fruchtiger Hähnchen-Mango-Salat ... 130

Dessert-Klassiker

Königliches Erdbeer-Tiramisu ... 131
Fluffiges Schokoladenmousse ... 132
Vanillepudding mit karamellisierten Mandeln ... 133
Himbeer - Panna Cotta mit Fruchtspiegel ... 134

Soßen und Dips

Majestätische Guacamole ... 135
Joghurt-Dip deluxe ... 136
Zauberhafter Salsa-Dip ... 137
Weitere Soßen und Dips im Buch ... 138

Glossar ... 140
Einkaufsliste ... 142

Willkommen im majestätischen Reich der Kulinarik

Sei gegrüßt, liebe Leserin! Ihr habt gerade den ersten Schritt in ein magisches Reich getan, das von nun an das eure sein soll – ein Reich, in dem Töpfe und Pfannen eure Werkzeuge sind, Kochlöffel euer Zepter und der Duft von frischen Zutaten und leckeren Gerichten euch wie ein prächtiger Umhang umgibt. Hier, im majestätischen Reich der Kulinarik, seid ihr die Regentin – und glaubt mir, das ist eine Rolle, die euch Spaß und stolz machen wird – und obendrein noch himmlisch schmeckt.

Warum dieses Buch?

In diesem Kochbuch geht es darum, euch zu zeigen, wie viel Freude es macht, selbst den Kochlöffel zu schwingen, wie einfach gesunde Gerichte zubereitet werden können und wie ihr dabei ganz nebenbei die Welt ein kleines bisschen besser machen könnt. Ganz egal, ob ihr absolute Anfängerin seid oder bereits das ein oder andere schmackhafte Festmahl zubereitet habt – dieses Buch ist für euch.

Was euch erwartet

Wir starten mit den Grundlagen: Was müssen Prinzessinnen über gesunde Ernährung wissen? Wie funktioniert die Magie des Kochens? Und welche kleinen Helferlein braucht ihr, um euch in der Küche wie zuhause zu fühlen? Danach nehmen wir euch mit auf eine Reise durch Rezepte, die so vielfältig sind wie die Juwelen in eurer Krone. Von einfachen Snacks über exotische Gerichte bis hin zu Desserts, die auf jedem königlichen Ball Eindruck machen – hier ist für jeden Anlass etwas dabei.

Warum Kochen Spaß macht

Vielleicht fragt ihr euch: Warum sollte ich kochen lernen, wenn es doch einfacher ist, etwas zu bestellen oder ein Fertiggericht aufzuwärmen? Gute Frage! Aber stellt euch vor, ihr könntet aus ein paar einfachen Zutaten etwas erschaffen, das nicht nur köstlich schmeckt, sondern auch eure eigene Handschrift trägt, und dazu noch viel besser schmeckt und gesünder ist als das meiste bestellte Essen. Kochen ist wie Zaubern, nur dass ihr keinen Zauberstab, sondern einen Kochlöffel benutzt. Und das Beste daran? Am Ende könnt ihr euer Meisterwerk genießen – oder mit anderen teilen und sie damit verzaubern.

Die Rezepte

In diesem Buch werdet ihr viele verschiedene Rezepte finden, von leicht bis anspruchsvoll. Der Schwierigkeitsgrad ist bei allen Rezepten angegeben. Fangt mit den leichten Rezepten an, von denen ihr glaubt, dass sie euch gut schmecken werden. Dadurch erlangt ihr Erfahrung in der Küche. Wenn ihr euch dann sicherer seid, wagt euch auch an die fortgeschritteneren und anspruchsvollen Rezepte, bspw. die im Kapitel „Majestätische Klassiker".

Für alle Rezepte die ihr in diesem Buch findet gilt: Die Zutaten die in der Rubrik „Royal Optional" aufgelistet sind, benötigt ihr nicht. Allerdings würden sie das Gericht zusätzlich verfeinern, wenn ihr Lust darauf habt. Ihr könnt also jedes Gericht am Anfang erst mal nur mit den nötigen Zutaten kochen. Und wenn eines euch besonders gut gefällt, könnt ihr dieses beim nächsten Mal mit den optionalen Zutaten ausprobieren.

In den Rezepten werdet ihr ab und zu Ausdrucksweisen finden, die ihr vielleicht noch nicht kennt. Die Erklärungen dazu findet ihr hinten im Buch - im Glossar. Wir verwenden einige davon in den Rezepten, damit ihr euch daran gewöhnt und so auch alle Kochrezepte versteht, die ihr in anderen Büchern oder im Internet findet.

Der Start ins Abenteuer

Bevor wir loslegen, hier eine kleine Checkliste, damit ihr bestens vorbereitet seid:

1. **Eure Krone (oder ein Haarband):** Lange Haare gehören unter Kontrolle, bevor die Koch-Action beginnt.

2. Königliche Schutzkleidung: Eine Schürze ist nicht nur praktisch, sondern verhindert auch, dass euer Lieblingskleid den ein oder anderen Fleck davonträgt.

3. Das Arsenal: Schneidebrett, Messer, Kochlöffel, Töpfe und eine Pfanne – die Basics für den Start.

4. Die Zutaten: Stellt sicher, dass ihr alles habt, bevor das Abenteuer beginnt. Eine Prinzessin sollte immer vorbereitet sein!

5. Spaß: Ganz wichtig – in eurer Küche gibt es keine Fehler, nur leckere Experimente!

Seid ihr bereit für ein spannende kulinarische Reise? Dann lasst uns gemeinsam in dieses Abenteuer starten!

Die Grundlagen der royalen Ernährung

Bevor ihr eure Krone aufsetzt und euch ins Abenteuer in der königlichen Küche stürzt, ist es wichtig, ein paar Grundzüge über die Kunst der Ernährung zu kennen. Was ihr esst, hat nicht nur Einfluss darauf, wie ihr euch fühlt, sondern auch darauf, wie ihr strahlt – von innen und von außen. Hier erfahrt ihr, was eine gesunde und ausgewogene Ernährung ausmacht und wie ihr die Balance zwischen Genuss und Gesundheit findet.

Was macht Ernährung aus?

Die Grundbestandteile jeder Mahlzeit sind die sogenannten Nährstoffe. Diese kleinen Helden sorgen dafür, dass euer Körper funktioniert, ihr genug Energie habt und ihr euer Königreich mit einem strahlenden Lächeln regieren könnt. Es gibt folgende Nährstoffe:

- **Kohlenhydrate:** Diese liefern die Energie, die ihr braucht, um durch euren Tag zu kommen. Es gibt einfache Kohlenhydrate (wie in Zucker und weißem Brot) und komplexe Kohlenhydrate (wie in Vollkornprodukten, Nudeln, Reis, Kartoffeln, Haferflocken und Quinoa). Letztere sind besonders wertvoll, da sie langsam abgebaut werden und euch länger und gesünder Energie liefern.

- **Fette:** Nicht alle Fette sind gleich! Gesunde Fette aus Quellen wie Avocado, Olivenöl, Nüssen und Samen sind entscheidend für euren Körper, da sie Vitamine transportieren und eure Zellen schützen. Vermeidet Transfette, die oft in Fast Food und Snacks vorkommen.
- **Proteine:** Diese Bausteine des Lebens reparieren eure Zellen und halten euch stark. Sie kommen in tierischen Quellen wie Fleisch, Eiern, Quark und Fisch vor, aber auch in pflanzlichen wie Linsen, Tofu und Bohnen.
- **Vitamine und Mineralien:** Frisches Obst und Gemüse sind wahre Schatzkammern dieser essenziellen Nährstoffe. Vitamin C aus Orangen stärkt eure Abwehrkräfte, während Kalzium aus Milchprodukten und grünem Blattgemüse eure Knochen stark hält.
- **Ballaststoffe:** Diese sind vielleicht nicht glamourös, aber sie halten euren Körper gesund, indem sie die Verdauung unterstützen. Vollkornprodukte, Gemüse und Hülsenfrüchte sind wahre Ballaststoffhelden.

Was ist gesund, was ist ungesund?

Eure Hoheit, es ist nicht alles Gold, was glitzert! Viele verarbeitete Lebensmittel, so verlockend sie auch sein mögen, sind oft vollgepackt mit Zucker, ungesunden Fetten und Zusatzstoffen, die eurem königlichen Körper mehr schaden als nützen. Um euch gesund zu ernähren, solltet ihr stets bewusst wählen, was auf euren Teller kommt.

Frisch oder verarbeitet?

Frisches Obst, knackiges Gemüse und selbst gekochte Speisen sind die Juwelen der Ernährung. Sie enthalten weit mehr Vitamine, Mineralstoffe und Ballaststoffe als Fertigprodukte. Eine Tomate direkt vom Markt ist nicht nur nahrhafter, sondern schmeckt auch besser als jede vorgefertigte Tomatensoße aus dem Glas. Denkt daran: Je natürlicher bzw. weniger verarbeitet die Zutaten, desto gesünder sind sie für euch.

Natürliche Süßigkeiten Auch eine Prinzessin hat manchmal Lust auf etwas Süßes. Statt zu Keksen oder Bonbons zu greifen, genießt eine Handvoll Datteln, einen Teelöffel Honig oder ein Stück dunkler Schokolade. Diese natürlichen Alternativen stillen nicht nur eure Lust auf Süßes, sondern liefern auch wertvolle Nährstoffe, die euren Körper in Balance halten.

Die Bedeutung von Wasser

Wasser ist euer treuester Begleiter. Es hilft eurem Körper, seine Aufgaben zu erfüllen, von der Regulierung der Temperatur bis hin zum Transport von Nährstoffen. Trinkt genügend, und euer Teint wird euch danken. Ihr könnt euer Wasser auch mit einem Hauch von Extravaganz veredeln – ein paar Zitronenscheiben, Minzblätter oder gefrorene Beeren machen es zu einem echten Prinzessinnen-Getränk, das interessant schmeckt und gleichzeitig gesund ist.

Zutatenlisten lesen

Wenn Ihr beim Einkauf unsicher seid, ob dieses oder jenes Lebensmittel gesünder ist, werft doch mal einen Blick auf die kleingedruckte Zutatenliste: Je kürzer die Liste und je bekannter die Zutaten, desto besser ist das Lebensmittel für euch. Vermeidet Produkte mit vielen chemischen Begriffen oder viel Zucker. So bleibt eure Küche ein Ort der Gesundheit und des Genusses.

Speisen in Balance

Eine ausgewogene Mahlzeit ist wie ein gut geführtes Königreich – alle Teile arbeiten zusammen, um das Beste zu erreichen. So gelingt es:

- **Die magische 1/3-Regel:** Stellt euch euren Teller wie ein Kunstwerk vor. Ein Drittel Gemüse oder Salat, ein Drittel Proteine (z. B. Fleisch, Fisch, Tofu) und ein Drittel Kohlenhydrate (z. B. Reis, Kartoffeln, Nudeln).

- **Bunte Vielfalt:** Je bunter euer Teller ist, desto mehr Nährstoffe bekommt ihr. Jede Farbe hat ihre eigenen königlichen Vorteile. Zum Beispiel: Orange (Karotten) für Vitamin A, Grün (Spinat) für Eisen.

- **Portionsgrößen:** Ein prachtvolles Mahl bedeutet nicht, dass ihr zu viel aufladet. Achtet darauf, dass ihr euch nach dem Essen angenehm satt, aber nicht überladen fühlt.

Die hoheitliche Küchenschule

Eure Hoheit, bereit für die erste Unterrichtsstunde? Jede große Königin hat irgendwann mal klein angefangen – und eure Reise beginnt hier, in der königlichen Küchenschule. In diesem Kapitel lernt ihr die Grundtechniken des Kochens, entdeckt eure neuen Werkzeuge und erfahrt, wie ihr mit kleinen Tricks große Katastrophen vermeidet. Los geht's!

Grundtechniken für die Prinzessin

Das Kochen hat viele Facetten, aber mit diesen Grundtechniken seid ihr für fast jedes Rezept gewappnet. Jede Technik erfordert Sorgfalt und ein wenig Übung, damit ihr wie eine wahre Königin in der Küche regieren könnt:

- **Schneiden wie ein Profi:** Ein scharfes Messer ist euer wertvollstes Werkzeug. Achtet darauf, immer ein stabiles Schneidebrett zu nutzen, damit nichts verrutscht und die Klinge scharf bleibt. Nutzt auf keinen Fall einen Teller als Unterlage. Schneidet Fleisch und Gemüse in gleichmäßig große Stücke, sodass alles gleich schnell durchgart.
- **Braten und Anbräunen:** Die Kunst des Bratens liegt in der Kontrolle der Hitze. Eine gut vorgeheizte Pfanne verhindert, dass Lebensmittel kleben bleiben. Nutzt ausreichend Fett bzw. Öl, um ein gleichmäßiges Anbräunen zu erzielen. Achtet darauf, die Pfanne nicht zu überfüllen, damit ihr den Überblick behalten könnt und im Eifer des Gefechts nichts überläuft oder herausfällt.
- **Kochen:** Beim Kochen in einem Topf ist die Wahl des richtigen Kochgeschirrs entscheidend. Verwendet einen Topf mit dickem Boden, um

eine gleichmäßige Hitzeverteilung zu gewährleisten und ein Anbrennen zu vermeiden. Achtet darauf, dass der Topf groß genug ist, damit die Zutaten Platz zum Zirkulieren haben. Füllt den Topf nie zu voll, um ein Überkochen zu verhindern. Rührt regelmäßig um, besonders bei Gerichten wie Suppen oder Soßen, damit sich die Zutaten gut vermengen und nichts am Boden ansetzt. Wenn ihr mit Flüssigkeiten arbeitet, denkt daran, die Temperatur zu kontrollieren: Bringt sie zunächst zum Kochen und lasst sie dann auf niedriger Hitze köcheln. Ein gut sitzender Deckel hilft, Energie zu sparen und das Aroma im Gericht zu bewahren.

- **Backen:** Der Ofen ist wie euer Thronsaal – hier herrscht Präzision. Beachtet Temperaturangaben genau und verwendet am besten eine Küchenwaage für die Zutaten. Den Ofen nicht zu oft öffnen, da die Temperatur sonst schnell absinken kann. Stellt sicher, dass Backformen eingefettet oder mit Backpapier ausgelegt sind, damit nichts kleben bleibt.
- **Dünsten:** Eine sanfte Methode, um die Nährstoffe in euren Zutaten zu erhalten. Verwendet wenig Flüssigkeit und deckt einen Topf mit einem Deckel ab, damit der Dampf die Arbeit übernimmt. Diese Technik ist ideal für empfindliches Gemüse wie Brokkoli oder Zucchini.
- **Rühren und Wenden in beschichteten Pfannen:** Klingt simpel, doch hier könnt ihr etwas falsch machen! Nutzt einen Holzlöffel oder einen Pfannenwender aus Plastik, um Kratzer in euren Pfannen zu vermeiden. Das ist viel besser als ein Gabelangriff!
- **Im Glossar** am Ende des Buches erkläre ich euch verschiedene Fachbegriffe, die in Rezepten vorkommen können.

Das Küchenhelfer-ABC

Eure Ausrüstung ist entscheidend für euren Erfolg. Hier sind die wichtigsten Werkzeuge und wie ihr sie nutzt:

Messer: Ein gutes Küchenmesser ist unverzichtbar. Achtet darauf, es nach jedem Gebrauch zu reinigen und regelmäßig zu schärfen. Unterschiedliche Messer haben unterschiedliche Zwecke: ein kleines Gemüsemesser für feine Arbeiten, ein großes Kochmesser für Fleisch und ein Brotmesser mit Wellenschliff für alles, was eine Kruste hat.

Pfannen und Töpfe: Eine antihaftbeschichtete Pfanne eignet sich hervorragend für Eier und Pfannkuchen, während ein schwerer Topf ideal für Suppen, Eintöpfe oder Soßen ist. Gusseiserne Pfannen sind besonders langlebig und sorgen für eine gleichmäßige Hitzeverteilung – perfekt für das Anbraten von Fleisch oder das Schmoren von Gerichten.

Mixer und Pürierstab: Diese Geräte sind Alleskönner in der Küche. Nutzt sie für Smoothies, Suppen, Pesto oder auch zum Aufschlagen von Sahne. Achtet darauf, die Geräte sofort nach der Nutzung zu reinigen, damit keine Rückstände antrocknen.

Raspel und Reibe: Mit einer Raspel könnt ihr Käse, Schokolade, Gemüse oder auch Zitrusschalen fein zerkleinern. Achtet darauf, eure Finger nicht zu nah an die Reibe zu bringen – Sicherheit geht vor! Für feine Aufgaben, wie Muskatnuss oder Parmesan, gibt es spezielle Reiben.

Schneebesen und Löffel: Der Schneebesen ist perfekt, um Soßen glatt zu rühren, Eier aufzuschlagen oder einen Kuchenteig luftig zu machen. Holzlöffel eignen sich besonders für das Umrühren von heißen Gerichten, da sie hitzebeständig und schonend für beschichtete Pfannen sind.

Küchenzange: Ein oft unterschätztes Werkzeug, das euch das Wenden von Fleisch, das Greifen von Gemüse oder das Servieren von Pasta erleichtert. Wählt eine Zange mit hitzebeständigen Silikonspitzen, um eure Pfannen zu schonen.

Küchenwaage und Messbecher: Oft kommt es auf exakte Maße an. Eine digitale Waage und ein Messbecher für Flüssigkeiten gehören in jede königliche Küche.

Backutensilien: Springformen für Kuchen, Muffinformen, Backpinsel und Teigschaber sind essenziell für alle Prinzessinnen, die gerne backen. Backpapier verhindert, dass Gebäck kleben bleibt, und sorgt für eine leichtere Reinigung.

Spatel und Teigschaber: Diese flexiblen Helferlein sind ideal, um Teige restlos aus Schüsseln zu holen oder Speisen gleichmäßig zu verteilen. Tipp: Behandelt eure Küchenhelfer gut, reinigt sie direkt nach der

Nutzung und lagert sie ordentlich. Scharfe Messer sollten separat aufbewahrt werden, um Klingen und Finger zu schützen. So bleiben eure Werkzeuge lange treue Begleiter!

Hygiene in der königlichen Küche

Sauberkeit ist das A und O in eurer Küche. Achtet darauf, dass eure Arbeitsflächen und Hände sauber sind. Hier ein paar goldene Regeln:

- **Hände waschen:** Vor, während und nach dem Kochen. Das ist nicht nur hygienisch, sondern bewahrt euch vor unliebsamen Bakterien.
- **Saubere Arbeitsflächen:** Nach jeder Aufgabe kurz abwischen, besonders nach dem Arbeiten mit rohem Fleisch oder Fisch.
- **Frische Tücher und Schwämme:** Diese sollten regelmäßig gewechselt werden, damit keine Keime überleben.
- **Kühlschrankordnung:** Rohes Fleisch immer unten lagern, damit nichts auf andere Lebensmittel tropfen kann.
- **Achtung bei rohem Geflügel:** Damit sich keine eventuell auf dem Fleisch vorhandenen Keime in der Küche verteilen, nutzt bitte separate Messer und Werkzeuge für das Geflügel. Verwendet diese erst nachdem ihr sie gründlich mit Spülmittel gereinigt habt wieder für andere Lebensmittel.

Kochkatastrophen und wie man sich rettet

Selbst in der besten Küche kann mal etwas schiefgehen. Keine Panik! Hier sind Notfalllösungen für typische Pannen:

- **Angebranntes Essen:** Den angebrannten Teil vorsichtig entfernen und den Rest in einen frischen Topf umschichten. Ein Spritzer Zitrone oder ein bisschen Zucker können den Geschmack retten.
- **Versalzene Suppe:** Fügt eine rohe Kartoffel hinzu und lasst sie mitkochen. Sie zieht einen Teil des Salzes heraus.
- **Der Kuchen geht nicht auf:** Ist er dennoch essbar, schneidet ihn in Stücke und serviert ihn als Dessert mit Sahne und Beeren.
- **Klumpige Soße:** Einfach durch ein Sieb streichen oder mit einem Pürierstab glätten.

Eure Hoheit, mit diesen Grundlagen seid ihr bereit, in der Küche zu zaubern. Denkt daran: Fehler sind nur Chancen, etwas Neues zu lernen. Jetzt lasst uns sehen, was der königliche Vorratsschrank für euch bereithält!

Der königliche Vorratsschrank

Prinzessin, lasst uns einen Blick in eure prachtvolle Vorratskammer werfen!

Ein gut gefüllter Vorratsschrank ist das Herzstück einer jeden Küche. Hier lagern nicht nur die Grundzutaten, die euch unendlich viele Möglichkeiten bieten, sondern auch die Geheimwaffen, mit denen eure Majestät ihren Gerichten den letzten Schliff verleiht. In diesem Kapitel erklären ich euch, was ihr immer daheim auf Lager haben solltet, wie ihr die passenden Zutaten wählt und wie ihr sie verwendet.

Was gehört in die Vorratskammer einer Prinzessin?

Die Basis eurer Vorratskammer sind Grundzutaten, die vielseitig einsetzbar sind. Mit diesen Schätzen könnt ihr im Handumdrehen ein köstliches Gericht zaubern:

- **Trockene Zutaten:** Mehl (für Brot, Kuchen und Soßen), Zucker, Reis, Nudeln, Kartoffeln, Zwiebeln, Knoblauch, Haferflocken und (Gemüse-) Brühe als Pulver. Diese Zutaten sind lange haltbar und vielseitig verwendbar.
- **Gewürze:** Salz, Pfeffer, Paprika, Curry, Chili, Zimt und Muskat sind unverzichtbar. Mit ihnen verleiht ihr jedem Gericht die richtige Note.
- **Öle, Fette und Essig:** Olivenöl, Sonnenblumen- oder Rapsöl und Butter dürfen nicht fehlen. Jedes hat seinen eigenen Charakter und passt zu unterschiedlichen Gerichten. Darüber hinaus sollte auch immer eine Flasche Essig bereitstehen (Apfel-, Wein- oder Tafelessig passen immer).

- **Konserven und Gläser:** Dosen bzw. Gläser mit gehackten Tomaten, Mais, Bohnen, eingelegten Gurken und Thunfisch sind praktische Helfer, wenn frische Zutaten fehlen.
- **Tiefkühlkost:** Beeren, Gemüsemischungen oder Kräuter aus der Gefriertruhe sind perfekt, um jederzeit etwas Frisches zur Hand zu haben.
- **Soßen und Pasten:** Senf, Tomatenmark, Ketchup und Mayonnaise sollten sich auch stets in der Vorratskammer befinden. Außerdem ist eine Soja-Soße oder alternativ Maggi Würze in vielen Rezepten von Vorteil.

Ich habe eine **Einkaufsliste** mit den wichtigsten Zutaten für euch vorberietet. Ihr findet sie auf **Seite 140**.

In vielen Rezepten kommt auch (geriebener) Parmesan vor. Wenn ihr diesen mögt, lohnt es sich auch ihn immer im Kühlschrank zu haben. Tipp: Grana Padano ist günstiger als Parmesan und genauso lecker!

Die Geheimnisse der Öle

Nicht jedes Öl eignet sich für jedes Gericht. Hier erfahrt ihr, welches Öl wann zum Einsatz kommt:

- **Olivenöl:** Perfekt für Salate, Marinaden oder mediterrane Gerichte. Achtet darauf, ein kaltgepresstes (extra natives) Öl zu wählen. Es ist empfindlich gegen Hitze und sollte nicht zu stark erhitzt werden, also nur mit Vorsicht zum Braten in der Pfanne nutzen. Verwendet die mittlere Stufe des Herdes; sollte das Öl anfangen zu rauchen, wurde es zu heiß. Das gleiche gilt für Butter.
- **Sonnenblumen- oder Rapsöl:** Ein Allrounder, der sich sowohl für das Braten als auch für das Backen eignet. Es ist hitzebeständig und hat einen neutralen Geschmack.
- **Kokosöl:** Ideal für asiatische Gerichte oder Desserts. Es verleiht Speisen eine leicht exotische Note und ist ebenfalls hitzebeständig.
- **Spezialöle:** Nussöle wie Walnuss- oder Haselnussöl sind toll für Salate oder Desserts, sollten aber nicht erhitzt werden.

Königliche Geheimwaffen: Gewürze und Kräuter

Gewürze und Kräuter sind das Herz jeder Küche. Sie sorgen dafür, dass eure Gerichte unverwechselbar schmecken:

- **Trockene Gewürze:** Neben den Klassikern wie Salz, Pfeffer und Paprika (edelsüß und scharf) solltet ihr auch erwägen Kreuzkümmel, Koriander, Thymian, Rosmarin und Majoran in eurem Vorrat zu haben. Sie bringen Abwechslung auf den Teller.
- **Frische Kräuter:** Basilikum, Petersilie, Schnittlauch, Rosmarin und Thymian (ja, die gibt es auch frisch ;) sind vielseitig einsetzbar. Frische Kräuter könnt ihr auch in einem kleinen Blumentopf auf der Fensterbank züchten.
- **Gewürzmischungen:** Curry, Garam Masala oder italienische Kräutermischungen sind perfekt, um schnell ein Thema in ein Gericht zu bringen.

Wie man den Geschmack von Gerichten verfeinert

Eure Hoheit, das Geheimnis eines wahrhaft königlichen Gerichts liegt in der perfekten Balance der Aromen. Jede Zutat spielt ihre Rolle, und wenn sie harmonisch zusammenspielen, entsteht ein kulinarisches Meisterwerk. Doch wie könnt ihr sicherstellen, dass eure Speisen den letzten Schliff bekommen? Hier sind einige Tipps, um eure Gerichte zu veredeln:

Süß und salzig – ein königliches Duo Manchmal genügt ein kleiner Hauch, um den Geschmack eines Gerichts auf ein neues Level zu heben. Stellt euch vor, ihr gebt eine Prise Zucker in eine Tomatensoße. Die Süße gleicht die natürliche Säure der Tomaten aus und verleiht der Soße eine wundervolle Tiefe. Genauso kann ein Hauch von Salz auf einem Schokoladendessert die süßen Aromen hervorheben und eure Gäste ins Schwärmen bringen. Diese Kontraste sind wie die Harmonie eines königlichen Orchesters – jede Note ergänzt die andere.

Säure und Fett – wundervolle Balance Ein Spritzer Zitrone oder ein Tropfen Essig kann euren Gerichten Frische und Lebendigkeit verleihen. Doch diese Säure braucht ein Gegengewicht, und hier kommen Butter oder Öl ins Spiel. Kombiniert beispielsweise frischen Zitronensaft mit cremiger Butter, um eine Soße zu kreieren, die sowohl leicht als auch reichhaltig schmeckt. Stellt euch eine zarte Fischfilet-Soße vor, die mit dieser Kombination verfeinert wurde – ein wahrhaft königlicher Genuss.

Experimentiert mit Texturen – Die Textur eines Gerichts kann genauso wichtig sein wie sein Geschmack. Knusprige Toppings, wie geröstete Nüsse, Croûtons oder Samen, verleihen euren Gerichten nicht nur einen spannenden Biss, sondern auch eine besondere visuelle Anziehungskraft. Stellt euch eine samtige Kürbissuppe vor, die mit gerösteten Kürbiskernen bestreut ist – das Zusammenspiel von Cremigkeit und Knusprigkeit macht dieses einfache Gericht zu einem Highlight auf eurer Tafel.

Eure Hoheit, denkt daran: Der wahre Zauber liegt in den kleinen Details. Eine Prise hier, ein Tropfen dort – und schon verwandelt ihr jedes Gericht in ein Festmahl, das der Krone würdig ist. Probiert einfach mal was neues aus - es lohnt sich!

Schnelles und kreatives Kochen mit Basiszutaten

Ein gut gefüllter Vorratsschrank ist wie eine Schatztruhe voller Möglichkeiten. Mit den richtigen Basiszutaten könnt ihr selbst im größten Trubel spontan köstliche Gerichte zaubern. Lasst uns gemeinsam entdecken, wie ihr einfache Zutaten in wahre Meisterwerke verwandelt und eure Gäste mit eurer Kreativität beeindruckt.

Stellt euch vor, ihr betretet eure Küche und habt nur wenig Zeit. Doch in eurer Vorratskammer warten Nudeln, Tomaten aus der Dose, etwas Knoblauch und Olivenöl auf ihren Einsatz. Mit diesen einfachen Zutaten zaubert ihr im Handumdrehen eine herrliche Pasta mit Tomatensoße. Der Duft von Knoblauch, der sanft im Öl brutzelt, und die fruchtige Note der Tomaten lassen eure Küche wie ein italienisches Restaurant duften – ein wahrer Genuss!

Ähnliche Rezepte zum einfachen Kochen findet ihr in der Rezept-Kategorie **Schnelles Kochen mit Basics aus der Vorratskammer** ab Seite 49.

Auch das Frühstück kann mit ein wenig Vorbereitung zu einem königlichen Start in den Tag werden. Mischt am Abend zuvor Haferflocken mit Milch oder einer pflanzlichen Alternative und fügt frisches Obst wie Beeren oder Apfelstücke hinzu. Lasst die Mischung über Nacht im Kühlschrank ziehen. Am Morgen erwartet euch ein cremiges und nahrhaftes Frühstück – eure Overnight Oats, die wie ein kleiner Zaubertrank wirken und euch Energie für den Tag geben.

Eure Hoheit, mit einem gut ausgestatteten Vorratsschrank seid ihr für jede kulinarische Herausforderung gewappnet. Ob ein schnelles Abendessen, eine kreative Resteverwertung oder ein energiereiches Frühstück – ihr habt die Macht, einfache Zutaten in königliche Köstlichkeiten zu verwandeln.

Prinzessinnen Lifestyle

Eine Prinzessin weiß, dass gutes Essen nicht nur den Gaumen erfreut, sondern auch das Wohlbefinden steigert. In diesem Kapitel erfahrt ihr, wie ihr gesund und bewusst essen könnt, ohne dabei auf Genuss zu verzichten. Egal, ob ihr Kalorien sparen wollt oder neugierig auf die vegane Küche seid – hier gibt es für jede Gelegenheit die passenden Tipps und Tricks.

Kochen und schlank bleiben

Auch Prinzessinnen achten auf ihre Figur, ohne dabei hungern zu müssen. Kalorienarme Gerichte können köstlich und satt machend sein, wenn ihr ein paar einfache Regeln befolgt:

- **Gemüse als Basis:** Gemüse ist kalorienarm, aber reich an Nährstoffen. Füllt euren Teller zur Hälfte mit buntem Gemüse wie Zucchini, Paprika, Brokkoli oder Karotten. Sie machen satt und bringen Farbe auf den Teller.

- **Mageres Eiweiß:** Wählt magere Proteinquellen wie Hähnchenbrust, Fisch, Tofu oder Hülsenfrüchte. Sie sind sättigend und helfen, den Körper zu stärken.

- **Vorsicht bei versteckten Kalorien:** Cremige Soßen oder frittierte Beilagen können schnell zur Kalorienfalle werden. Greift stattdessen zu leichteren Alternativen wie Joghurtdressings oder gegrilltem Gemüse.
- **Kocht fettarm:** Verwendet weniger Öl und setzt auf Methoden wie Dünsten, Grillen oder Backen statt Frittieren oder Braten. Eine Antihaftpfanne hilft, Fett zu sparen.
- **Kleine Snacks mit großer Wirkung:** Obst, Gemüsesticks mit Hummus oder eine Handvoll Nüsse sind ideale Zwischenmahlzeiten, die satt machen und dabei gesund sind.

Vegan is beautiful

Vegane Ernährung wird immer beliebter und ist keineswegs kompliziert. Hier eine kleine Einführung, damit auch ihr wie eine vegane Königin speisen könnt:

- **Pflanzliche Proteine:** Linsen, Bohnen, Kichererbsen, Tofu, Tempeh und Seitan sind hervorragende Eiweißquellen. Sie halten euch lange satt und sind vielseitig verwendbar.
- **Milchalternativen:** Pflanzliche Milchsorten wie Hafer-, Mandel-, Soja- oder Kokosmilch sind perfekte Alternativen zu Kuhmilch. Wählt ungesüßte Varianten, um Kalorien zu sparen.
- **Eier-Ersatz:** Beim Backen könnt ihr Eier durch Apfelmus, zerdrückte Banane, Chiasamen oder Leinsamen ersetzen. 1 EL gemahlene Chiasamen mit 3 EL Wasser ergibt einen hervorragenden Eier-Ersatz.
- **Vegane Butter und Käse:** Viele Supermärkte bieten pflanzliche Alternativen an, die geschmacklich überzeugen und sich perfekt für Brot oder zum Kochen eignen.
- **Achtet auf Nährstoffe:** Vitamin B12, Eisen und Omega-3-Fettsäuren sind in einer veganen Ernährung besonders wichtig. Greift zu angereicherten Lebensmitteln oder Supplementen, um Mängel zu vermeiden.

Vegane Alternativen – eine royale Übersicht

Um euch den Einstieg in die vegane Küche zu erleichtern, hier eine Tabelle mit beliebten Alternativen zu tierischen Produkten:

Tierisches Produkt	Vegane Alternative
Milch	Hafer-, Mandel-, Soja- oder Kokosmilch
Butter	Margarine auf Pflanzenbasis
Sahne	Pflanzliche Sahne (z. B. Sojasahne)
Honig	Ahornsirup, Agavendicksaft
Joghurt	Soja- oder Kokosjoghurt

Eure Hoheit, mit diesen Tipps und Alternativen steht einem gesunden und genussvollen Lebensstil nichts mehr im Wege. Ob kalorienbewusst oder vegan – ihr habt alle Werkzeuge, um eure Küche in eine königliche Wellness-Oase zu verwandeln!

Die Kunst des exklusiven Anrichtens

Prinzessin, es ist Zeit, euren Gerichten den letzten Schliff zu verleihen! Ein königliches Mahl ist nicht nur dazu da, den Gaumen zu erfreuen, sondern auch dazu, die Augen und Herzen eurer Gäste zu entzücken und zu verzaubern. Die Kunst des Anrichtens ist wie das Malen eines Gemäldes: Jedes Detail zählt und trägt zur Magie des Gesamtkunstwerks bei. In diesem Kapitel entführe ich euch in die Welt der eleganten Präsentation, in der selbst einfache Gerichte wie kleine Meisterwerke wirken.

Die königliche Tafel: Der Rahmen für euer Mahl

Stellt euch vor, eure Gäste betreten den Raum und sehen eine prachtvoll gedeckte Tafel. Der erste Eindruck zählt, und eine festlich gedeckte Tafel verleiht jedem Essen eine besondere Aura. Beginnen wir mit den Grundlagen:

Das Besteck wird folgendermaßen platziert: links die Gabeln, rechts die Messer und Löffel, von außen nach innen entsprechend der Reihenfolge des Menüs. Oberhalb des Tellers liegt das Dessertbesteck, das als krönender Abschluss wartet.

Für die Servietten empfiehlt es sich, sie kunstvoll zu falten. Eine Lilienkelch-Faltung oder ein schlichter Fächer sorgen für Eleganz und können auf die Farbgestaltung der Tafel abgestimmt werden.

Was wäre eine königliche Tafel ohne Dekoration? Frische Blumen, leuchtende Kerzen oder kleine Glanzpunkte wie Perlen und Glitzersteine verleihen der Tafel einen Hauch von Magie. Achtet jedoch darauf, dass die Deko die Gerichte nicht überstrahlt. Ein harmonisches Farbschema – vielleicht in Gold und Weiß oder Pastelltönen – schafft eine einladende und gleichzeitig erhabene Atmosphäre.

Das Anrichten: Ein Tanz der Farben und Formen

Das Auge isst bekanntlich mit, und deshalb verdient jedes Gericht eine Präsentation, die seiner würdig ist. Beginnt mit der Wahl des richtigen Tellers. Weiße Teller bringen die Farben des Essens zum Leuchten, während dunkle Teller sehr elegant wirken können. Achtet darauf, die Zutaten harmonisch zu arrangieren. Platziert die Hauptzutat zentral, während Beilagen oder Soßen kunstvoll darum angeordnet werden.

Vergesst nicht die kleinen Details: Ein frischer Zweig Rosmarin, einige essbare Blüten oder ein Spritzer Soße können den Unterschied zwischen einem schönen Teller und einem unvergesslichen Kunstwerk ausmachen. Zeichnet mit Soßen feine Linien oder Tupfen, um das Gericht wie einen gerahmten Schatz wirken zu lassen. Wischt die Ränder des Tellers ab, bevor ihr das Gericht serviert – ein sauberer Teller wirkt professionell und einladend.

Magische Momente: Eleganz im Alltag

Selbst ein einfaches Frühstück kann magisch wirken, wenn ihr ein wenig Liebe in die Präsentation steckt. Pancakes, leicht mit Puderzucker bestäubt, oder eine Smoothie-Bowl, die mit frischen Beeren, Nüssen und Samen kunstvoll dekoriert ist, werden sofort zu einem kleinen Fest. Ein Glas Wasser mit einem Zweig Minze oder einer Zitronenscheibe verleiht dem Morgen einen erfrischenden Start mit royalem Flair.

Dekorationen können dabei helfen, Gerichte aufzuwerten. Essbare Blüten wie Kapuzinerkresse oder Veilchen sorgen nicht nur für visuelle Akzente, sondern auch für eine spannende geschmackliche Note. Geriebene Schokolade, geröstete Nüsse oder ein Hauch von Zimt auf einem Dessert können wahre Wunder bewirken.

Die Bedeutung des Moments

Das Anrichten ist mehr als nur ein visueller Aspekt. Es zeigt, dass ihr euch die Zeit genommen habt, etwas Besonderes zu schaffen. Eure Gäste werden diese Sorgfalt spüren und zu schätzen wissen. Ob ein festliches Dinner oder ein einfacher Snack – mit ein wenig Liebe zur Präsentation wird jedes Gericht zu einem besonderen Moment.

Eure Hoheit, genießt die Freude, eure Gerichte nicht nur zu kochen, sondern auch zu präsentieren. Lasst sie funkeln und zaubert jedem Gast ein Lächeln aufs Gesicht – das ist wahre königliche Eleganz!

Rettet die Schätze ihrer Majestät!

Nachhaltigkeit ist nicht nur ein Modewort, sondern eine Tugend, die jede Prinzessin beherrschen sollte. So schont ihr nicht nur die Umwelt, sondern auch euren Geldbeutel. In einer königlichen Küche bedeutet das, Lebensmittel so geschickt zu nutzen, dass kaum etwas verloren geht. Mit Bedacht einzukaufen, clever zu lagern und Reste kreativ zu verwerten, sind die Tricks, um dies zu erreichen.

Nachhaltigkeit: Ein royales Gebot

Jede verschwendete Zutat steht für wertvolle Ressourcen, die verloren gehen – von Wasser über Energie bis hin zur Arbeitskraft, die in ihre

Herstellung geflossen ist. Eine königliche Hoheit kann durch achtsames Handeln ihren Teil dazu beitragen, dass diese Ressourcen nicht vergeudet werden.

Beginnt mit einer Bestandsaufnahme eurer Vorräte. Überlegt, welche Lebensmittel bald ablaufen und zuerst verarbeitet werden sollten. Eine gute Organisation ist der erste Schritt zur Nachhaltigkeit. Eure Vorratskammer sollte so sortiert sein, dass ihr auf einen Blick erkennt, welche Zutaten zur Verfügung stehen. Stellt ältere Produkte nach vorne, damit sie zuerst verbraucht werden.

Nachhaltigkeit bedeutet auch, bewusst zu planen. Wenn ihr Mahlzeiten im Voraus plant, könnt ihr gezielt einkaufen und Zutaten optimal nutzen. So wird kein Körnchen verschwendet.

Die Kunst der Restezauberei

Lebensmittelreste müssen nicht im Abfall landen. Sie können vielmehr als Grundlage für neue Gerichte dienen und so zum Glanzstück eures Küchenrepertoires werden. Hier ein paar Inspirationen:

Wenn ihr altes Brot habt, ist es viel zu schade, es wegzuwerfen. Schneidet es in kleine Würfel, gebt etwas Olivenöl und eure Lieblingsgewürze dazu und backt es im Ofen – fertig sind knusprige Croûtons für Salate oder Suppen. Oder probiert einen süßen Brotauflauf mit Milch, Eiern und Zimt – ein wahrhaft königliches Dessert.

Gemüsereste sind wahre Schätze. Aus einer Handvoll Karotten, Sellerie und Zwiebeln lässt sich eine aromatische Gemüsebrühe zaubern. Gebratene Gemüsestücke mit Reis oder Nudeln kombiniert ergeben ein schnelles, gesundes Gericht.

Selbst gekochter Reis oder Nudeln vom Vortag eignen sich wunderbar für Pfannengerichte. Mit etwas Sojasoße, Ei und ein paar frischen Zutaten wie Frühlingszwiebeln entsteht im Handumdrehen eine neue, schmackhafte Mahlzeit.

Der royale Einkaufsplan

Ein guter Einkaufsplan ist das Fundament einer nachhaltigen Küche. Er hilft euch nicht nur, gezielt einzukaufen, sondern auch, weniger zu verschwenden. Startet mit einer genauen Überprüfung eurer Vorräte

und erstellt eine Liste der benötigten Zutaten. Achtet darauf, keine Lebensmittel zu kaufen, die ihr bereits in ausreichender Menge habt.
Regionale und saisonale Produkte sind nicht nur frischer und leckerer, sondern haben auch eine bessere Umweltbilanz. Plant eure Mahlzeiten so, dass ihr frische Zutaten mit haltbaren kombinieren könnt. So bleibt eure Küche immer gut ausgestattet, ohne dass etwas verdirbt.
Großpackungen können verlockend sein, aber kauft sie nur, wenn ihr sicher seid, dass ihr die Mengen wirklich verbrauchen könnt. Eine clevere Lagerung hilft ebenfalls, Lebensmittel frisch zu halten. Nutzt luftdichte Behälter für trockene Zutaten und bewahrt empfindliche Produkte wie Obst und Gemüse im Kühlschrank auf, um deren Haltbarkeit zu verlängern.

Königliche Organisation in der Küche

Ein gut organisierter Haushalt spart nicht nur Zeit, sondern reduziert auch Verschwendung. Verwendet beschriftete Behälter, um den Überblick über eure Vorräte zu behalten. Lagert ähnliche Produkte zusammen, damit ihr immer wisst, was wo zu finden ist. Auch das Einfrieren von Überbleibseln ist eine großartige Möglichkeit, sie zu einem späteren Zeitpunkt zu verwenden.
Eure Hoheit, mit diesen Strategien werdet ihr zur Meisterin der nachhaltigen Küche. Jede eingesparte Ressource und jede kreativ verwertete Zutat trägt dazu bei, euer Königreich ein kleines Stück besser zu machen. Zeigt der Welt, wie großartig königliches Engagement sein kann!

Eine königliche Reise durch die Weltküche

Eure Hoheit, seid bereit, eure Geschmacksknospen auf eine kulinarische Weltreise zu schicken!

Die Küche eures Königreichs hat vieles zu bieten, doch manchmal ist es spannend, einen Blick über den Tellerrand zu werfen. Internationale Küchen bergen neue Aromen, spannende Zutaten und einzigartige Techniken, die eure kulinarische Kreativität beflügeln können. Italien, Mexiko und Japan sind nur einige der Länder, die mit ihren Gerichten die Welt verzaubern. Lasst uns diese kulinarischen Schätze entdecken und in eure königliche Küche bringen.

Was isst eine Prinzessin in Italien, Mexiko oder Japan?

Italien steht für Genuss und Lebensfreude. Eine klassische Lasagne, geschichtet mit Tomatensoße, Ricotta und zartem Nudelblatt, ist ein wahres Festmahl. Doch auch Spaghetti Carbonara, mit einer cremigen Soße aus Eigelb, Pecorino-Käse und knusprigem Pancetta, bringen italienisches Flair direkt zu euch nach Hause. Der Duft von frischem Basilikum und der Geschmack von sonnengereiften Tomaten sind wie eine Reise an die Amalfiküste.

In Mexiko wird das Essen zum Erlebnis. Tacos, gefüllt mit Bohnen, Avocado, Tomaten und Chili, sind bunt, scharf und voller Lebensfreude. Eine Portion Guacamole, serviert mit frisch gebackenen Nachos, bringt die mexikanische Sonne auf euren Tisch. Auch Quesadillas, mit geschmolzenem Käse und sautiertem Gemüse, sind einfach zuzubereiten und unglaublich lecker.

Japan beeindruckt mit seiner Eleganz und Schlichtheit. Sushi, kunstvoll angerichtet und mit frischem Fisch oder Gemüse gefüllt, ist ein Highlight für jeden Anlass. Aber auch eine dampfende Schale Miso-Suppe oder Teriyaki-Hühnchen, glasiert mit einer Mischung aus Sojasoße, Honig und Ingwer, bringen ein Stück fernöstliche Exotik in eure

Küche. Einige dieser Rezepte findet Ihr im Rezeptteil eures Buches, also freut euch schon darauf!

Exotische Zutaten und wie man sie verwendet

Jede internationale Küche hat ihre charakteristischen Zutaten, die den Gerichten ihre Einzigartigkeit verleihen. So sind Reisnudeln eine unverzichtbare Zutat in der asiatischen Küche. Sie sind schnell zuzubereiten und nehmen die Aromen von Wok-Soßen wunderbar auf. Tortillas sind die Basis der mexikanischen Küche. Ob als Wrap, Enchilada oder gefüllt als Taco – sie sind vielseitig und leicht handzuhaben.

Kokosmilch ist ein wahres Multitalent in der südostasiatischen Küche. Sie verleiht Currys eine cremige Konsistenz und passt ebenso gut in Desserts wie in herzhaften Gerichten. Wasabi, die scharfe grüne Paste aus Japan, setzt pikante Akzente, sollte aber sparsam verwendet werden, um die Balance der Aromen nicht zu stören.

Ein Hauch Exotik in der heimischen Küche

Ihr müsst nicht jedes Rezept originalgetreu nachkochen, um den Geschmack der Welt zu erleben. Oft reichen schon ein paar exotische Zutaten oder kleine Abwandlungen, um euren Gerichten eine internationale Note zu verleihen. Kokosmilch kann beispielsweise als Sahneersatz in Suppen oder Soßen verwendet werden und verleiht eine leichte, exotische Note. Eine Prise Kurkuma gibt Reisgerichten eine leuchtend gelbe Farbe und ein wärmendes Aroma.

Für eine japanische Note in eurem Alltagssalat könnt ihr ein Dressing aus Sojasoße, Reisessig und Sesamöl zubereiten. Oder verfeinert ein klassisches Ofengemüse mit einer Prise mexikanischem Chili-Pulver, um ihm mehr Schärfe und Tiefe zu verleihen.

Gerichte, die die Welt nach Hause bringen

Ihr möchtet gleich loslegen? Hier sind ein paar einfache Rezepte, die euch den Einstieg in die Weltküche erleichtern:

- **Italienische Bruschetta:** Frisch geröstete Baguettescheiben, belegt mit einer Mischung aus Tomaten, Basilikum und Olivenöl – eine perfekte Vorspeise oder ein leichter Snack.

- **Mexikanische Tacos:** Füllt weiche Tortillas mit schwarzen Bohnen, Mais, Tomaten und einem Spritzer Limettensaft. Wer es schärfer mag, kann etwas Chili hinzufügen.
- **Japanisches Teriyaki-Hühnchen:** Mariniert Hühnchenbrust in einer Mischung aus Sojasoße, Honig, Knoblauch und Ingwer. Bratet sie an und serviert sie mit Reis und gedämpftem Gemüse.

Eure Hoheit, mit diesen Inspirationen seid ihr bereit, die Welt der internationalen Küche zu erobern. Lasst euch von fremden Kulturen inspirieren und erweitert euren kulinarischen Horizont – denn gutes Essen kennt keine Grenzen!

Meal Prep für die Krone

Eure Hoheit, lasst uns eure Ernährung stressfreier machen – mit königlicher Planung und Vorbereitung!

In einer Welt voller Aufgaben und Abenteuer können gute Planung und clevere Vorbereitung das Leben einer Prinzessin erheblich erleichtern. Meal Prep – die Vorbereitung von Mahlzeiten im Voraus – ist dabei eine wahre Geheimwaffe. Doch was genau bedeutet Meal Prep, und wie könnt ihr es in eure königliche Routine integrieren? In diesem Kapitel führe ich euch Schritt für Schritt in die Welt des Meal Preps ein, damit ihr stressfrei und genussvoll durch die Woche kommt.

Die Prinzipien des Meal Prep: Der königliche Leitfaden

Meal Prep ist mehr als nur das Vorbereiten von Essen. Es ist eine Kunst, die Planung, Organisation und Kreativität vereint. Hier sind die wichtigsten Schritte für einen erfolgreichen Einstieg:

1. **Planung ist der Schlüssel:** Nehmt euch einmal pro Woche Zeit, um eure Mahlzeiten zu planen. Überlegt, welche Gerichte ihr in den nächsten Tagen zubereiten möchtet, und erstellt eine Einkaufsliste.

Achtet darauf, Zutaten zu wählen, die sich vielseitig kombinieren lassen. Wenn ihr beispielsweise Zucchini, Paprika und Karotten kauft, könnt ihr diese in einer Bowl, einer Suppe oder als Beilage verwenden.

2. **Die Vorbereitung der Zutaten:** Beginnt mit Grundzutaten, die ihr in größeren Mengen zubereiten könnt. Reis, Quinoa, Nudeln oder Kartoffeln können vorgekocht und in luftdichten Behältern im Kühlschrank aufbewahrt werden. Dasselbe gilt für sautiertes Gemüse, Hühnchen oder Tofu.

3. **Die richtige Lagerung:** Investiert in hochwertige Vorratsbehälter. Sie sollten luftdicht und stapelbar sein, um Platz zu sparen. Beschriftet die Behälter mit dem Zubereitungsdatum, damit ihr stets den Überblick behaltet.

4. **Gerichte aufeinander abstimmen:** Plant bewusst Gerichte, die sich aufeinander beziehen. Wenn ihr am Montag Gemüse sautiert, könnt ihr es am Dienstag in einer Quinoa-Bowl verwenden und am Mittwoch in einer Suppe verarbeiten. Auf diese Weise minimiert ihr Abfall und maximiert den Effekt.

5. **Kleine Anpassungen für Abwechslung:** Selbst mit wenigen Zutaten könnt ihr Abwechslung schaffen, indem ihr verschiedene Gewürze und Soßen verwendet. Eine Portion Hühnchen kann mediterran mit Oregano und Zitrone oder asiatisch mit Sojasoße und Ingwer gewürzt werden.

Stressfreie Schul- oder Unizeit: Königliche Lunchbox-Ideen

Die Lunchbox einer Prinzessin sollte nicht nur nahrhaft, sondern auch optisch ansprechend sein. Eine ausgewogene Mischung aus Proteinen, Kohlenhydraten und Gemüse sorgt für Energie und Konzentration. Hier ein Beispiel, wie eure Lunchbox aussehen könnte:

- **Wraps mit Resten:** Verwendet übrig gebliebenes sautiertes Gemüse, Hühnchenstreifen oder Quinoa als Füllung für Wraps. Fügt frischen Salat und einen Klecks Joghurt-Dressing hinzu.
- **Schichtsalate:** In ein Glas geschichtet, bleiben die Zutaten frisch und knackig. Beginnt mit Dressing am Boden, dann folgen harte Zutaten wie Kichererbsen, Gemüse und zuletzt grüner Salat. Vor dem Es-

sen kurz schütteln - und fertig!

- **Snacks für zwischendurch:** Kleine Snacks wie Nüsse, Trockenfrüchte oder selbstgemachte Energieriegel geben euch einen Energieschub. Gestaltet eure Lunchbox mit Liebe – ein kleines Stück Obst oder eine Handvoll Beeren machen sie noch appetitlicher.

Ein Beispiel-Wochenplan mit Resteverwertung

Hier als Beispiel ein Wochenplan, der Zutaten clever nutzt und Reste kreativ verarbeitet:

- **Montag:** Quinoa-Bowl mit sautiertem Gemüse (Paprika, Zucchini, Karotten) und Hühnchenstreifen. Kocht eine großzügige Menge Quinoa und sautiertes Gemüse, um es für die kommenden Tage zu verwenden.
- **Dienstag:** Schichtsalat im Glas. Verwendet die übrige Quinoa und sautiertes Gemüse, kombiniert mit Kichererbsen und einem Zitronen-Dressing.
- **Mittwoch:** Wraps gefüllt mit den Resten vom sautierten Gemüse, frischen Tomaten und einem Klecks Joghurt-Dip. Serviert dazu eine Handvoll Rohkoststicks.
- **Donnerstag:** Curry mit Kokosmilch und Reis. Nutzt die übrigen Karotten und Zucchini, gebt frischen Spinat hinzu und würzt mit Curry und Ingwer.
- **Freitag:** Gemüsesuppe. Alle Gemüsereste der Woche werden in einer leckeren Suppe verarbeitet. Serviert diese mit Croûtons aus altem Brot.

Eure Hoheit, mit diesen Strategien und Ideen werdet ihr Zeit und Mühe bei der Zubereitung eurer Mahlzeiten sparen. Und durch kluge Planung und kreative Resteverwertung zaubert ihr stressfreie, königliche Mahlzeiten, die nicht nur Zeit sparen, sondern auch schmecken!

Trinken wie eine Prinzessin

Eure Hoheit, es ist an der Zeit, eure königliche Durststrecke mit Stil zu beenden!

Trinken ist genauso wichtig wie Essen, wenn nicht sogar wichtiger. Und was ihr trinkt, beeinflusst nicht nur eure Gesundheit, sondern auch eure Energie und Laune. In diesem Kapitel widmen wir uns den gesunden und leckeren Getränken, die einer Prinzessin würdig sind. Lasst uns gemeinsam entdecken, wie ihr Wasser aufpeppt, Smoothies zaubert und warum Limonade zwar verlockend ist, aber kein alltägliches Getränk sein sollte.

Die Macht des Wassers: Einfach königlich!

Wasser ist der Quell des Lebens und das beste Getränk, um euren Körper mit ausreichend Flüssigkeit zu versorgen. Doch manchmal kann pures Wasser ein wenig langweilig wirken. Mit ein paar kreativen Ideen könnt ihr es in ein echtes Prinzessinnen-Getränk verwandeln.

Stellt euch vor, ihr nehmt eine glänzende Karaffe, füllt sie mit frischem Wasser und gebt ein paar Zitronenscheiben, Minzblätter und gefrorene Beeren hinzu. Die Farben, die sich im Wasser spiegeln, machen nicht nur optisch etwas her, sondern verleihen dem Wasser auch einen Hauch von Frische und Fruchtigkeit. Dieses sogenannte Infused Water könnt ihr immer wieder neu gestalten – mit Orangen, Gurkenscheiben oder einem Hauch von Rosmarin. Eurer Fantasie sind hier keine Grenzen gesetzt!

Ein weiteres Highlight sind spezielle Eiswürfel: friert Beeren oder Minzblätter in herkömmlichen Eiswürfelbehältern mit Wasser ein. Diese kleinen Kunstwerke könnt ihr in eure Gläser geben, um sie sofort aufzuwerten. Und wer ein wenig Spritzigkeit liebt, kann Sprudelwasser mit einem Schuss Holunderblütensirup oder einem Spritzer Limettensaft veredeln.

Smoothies: Ein königlicher Energieboost

Smoothies sind wie kleine Zaubertränke, die nicht nur gut schmecken, sondern auch voller wertvoller Nährstoffe stecken. Sie sind eine wunderbare Möglichkeit, Obst, Gemüse und gesunde Extras in eure Ernährung zu integrieren – und das in wenigen Minuten.

Die Basis eines Smoothies kann so einfach wie köstlich sein. Ungezuckerte Mandelmilch, Kokoswasser oder Joghurt sind ideale Grundlagen, um eine cremige Konsistenz zu schaffen. Fügt dazu eure Lieblingsfrüchte hinzu: eine Banane für Süße, eine Handvoll Beeren für die Frische oder Ananas und Mango für einen tropischen Geschmack. Wer gerne etwas Grünes im Smoothie hat, kann Babyspinat oder Grünkohl hinzufügen – die Früchte überdecken den Geschmack des Gemüses, sodass ihr nur die Vorteile genießt. Alles kurz in den Mixer oder mit einem Pürierstab bearbeiten und fertig ist der Smoothie.

Doch der wahre Zauber liegt in den kleinen Extras. Ein Esslöffel Chiasamen oder Leinsamen sorgt für gesunde Omega-3-Fettsäuren, während ein Spritzer Honig oder Ahornsirup den Smoothie sanft süßt. Stellt euch vor, ihr nehmt einen Schluck von eurem selbstgemachten „Prinzessinnen-Pink-Smoothie" – eine Mischung aus Himbeeren, Banane und Mandelmilch. Fruchtig, cremig und einfach himmlisch!

Warum Limonade keine tägliche Wahl sein sollte

Limonaden und andere zuckerhaltige Getränke sind verlockend, doch ihr hoher Zuckergehalt kann schnell zur Belastung für eure Gesundheit werden. Sie lassen euren Blutzuckerspiegel in die Höhe schnellen und bringen ihn ebenso schnell wieder zum Absturz – ein echter Energieräuber. Auch eure Zähne danken es euch, wenn ihr solche Getränke auf besondere Anlässe beschränkt.

Falls ihr euch dennoch eine Limonade gönnen möchtet, warum nicht selbst eine machen? Presst frische Zitronen aus, mischt den Saft mit Wasser und süßt ihn nach Belieben mit Honig oder Ahornsirup. So könnt ihr die Süße selbst bestimmen und gleichzeitig den frischen Geschmack genießen.

Eure königliche Trinkroutine

Denkt daran, über den Tag verteilt ausreichend zu trinken. Beginnt euren Morgen mit einem Glas Wasser, um euren Körper sanft zu wecken. Über den Tag sorgen Smoothies oder Infused Water für Abwechslung.

Eure Hoheit, jetzt seid ihr bestens gerüstet, um wie eine wahre Prinzessin zu trinken. Prost auf eure Gesundheit!

Und jetzt wünsche ich euch viel Freude mit den Rezepten!

vegetarisch

Overnight Oats

mit Beerenkrone

Zutaten:

- 50 g (zarte) Haferflocken
- 120 ml Milch
- 50 g gemischte Beeren
(z. B. Erdbeeren, Himbeeren, etc.)

Royal Optional:

- 1 EL Chiasamen
- 1 TL Honig
- 1 EL Joghurt
- Frische Minzblätter zur Dekoration

Schwierigkeitsgrad: **leicht**
Dauer: **ca. 5 Min.**
Zutaten für **eine Portion**

Zubereitung:

1. **Die Basis vorbereiten:** Gebt die Haferflocken in ein verschließbares Glas oder eine kleine Schale. Gießt die Milch darüber und rührt ggf. die Chiasamen sowie den Honig unter. Mischt alles gut durch.

2. **Ruhezeit:** Deckt das Glas oder die Schale ab und stellt es über Nacht in den Kühlschrank. In dieser Zeit saugen sich die Haferflocken mit der Milch voll und werden herrlich cremig.

3. **Am Morgen:** Nehmt die Overnight Oats aus dem Kühlschrank. Wenn ihr die Konsistenz etwas flüssiger mögt, gebt einen Schuss Milch hinzu und rührt erneut um. Optional könnt ihr einen Löffel Joghurt unterheben, um die Oats noch cremiger zu machen.

4. **Die Beerenkrone:** Toppt eure Overnight Oats mit den Beeren. Für einen besonders royalen Look könnt ihr die Beeren in einer Kranzform anordnen.

5. **Dekoration:** Garniert das Ganze mit frischen Minzblättern. Diese verleihen dem Gericht den letzten majestätischen Schliff.

Tipp aus der Schlossküche

Ihr könnt die Beeren je nach Saison variieren. Im Sommer schmecken frische Erdbeeren und Himbeeren hervorragend, während ihr im Winter auf gefrorene Beeren zurückgreifen könnt. Auch Toppings wie gehackte Nüsse, Kakaonibs oder Kokosflocken passen wunderbar zu diesem Rezept.

Pro Portion: 398 kcal, 56 g Kohlenh., 21 g Eiweiß, 16 g Fett

vegetarisch

Kronjuwelen-Smoothie Bowl

Zutaten:

- 2 reife Bananen
- 200 g Joghurt
- 200 ml Milch
- 1 TL Honig oder Ahornsirup
- 100 g Beeren
- 50 g Müsli

Royal Optional:

- 200 g gefrorene Mango
- 20 g Chiasamen
- 20 g Kokosflocken

Schwierigkeitsgrad: **leicht**
Dauer: **ca. 5 Min.**
Zutaten für **eine Portion**

Zubereitung:

Die Smoothie-Basis zubereiten

1. Bananen und/oder Mango, Joghurt und Milch in einen Mixer geben.
2. Mixen, bis eine cremige, dickflüssige Konsistenz erreicht ist. Falls die Mischung zu dick ist, etwas mehr Milch oder Wasser hinzufügen.
3. Mit Honig oder Ahornsirup abschmecken, wenn die Süße nicht ausreicht.

Die Bowl anrichten

1. Die Smoothie-Basis in Gläser füllen.
2. Die Toppings dekorativ anordnen: Frische Beeren, Müsli und ggf. Chiasamen und Kokosflocken.

Tipp aus der Schlossküche

Damit die Smoothie Bowl besonders cremig bleibt, solltet ihr die Zutaten gut gekühlt oder gefroren verwenden. Für Abwechslung könnt ihr auch Kiwi, Ananas oder Drachenfrucht als Basis verwenden.

Pro Portion: 280 kcal, 42 g Kohlenh., 8 g Eiweiß, 10 g Fett

vegetarisch

Königinnen-Crêpes mit Zitronencreme

Zutaten:

- 200 g Mehl
- 3 Eier
- 400 ml Milch
- 1 Prise Salz
- 1 TL Zucker
- 50 g Butter
- 200 g Mascarpone
- 200 g Schlagsahne
- 2 EL Puderzucker
- Saft einer halben Zitrone

Zubereitung:

Schwierigkeitsgrad: **mittel**
Dauer: **ca. 15 Min.**
Zutaten für **4 Portionen**

Die Crêpes zubereiten

1. Das Mehl in eine große Schüssel geben, dann Salz und Zucker hinzufügen.
2. Eier und Milch langsam einrühren, bis ein glatter Teig entsteht.
3. Geschmolzene Butter (am leichtesten auf niedriger Stufe in der Mikrowelle schmelzen) unterheben. Den Teig für 20 Minuten ruhen lassen – auch ein königlicher Teig braucht eine Pause!
4. Eine beschichtete Pfanne erhitzen und mit etwas Butter einfetten. Mit einer Kelle jeweils eine Portion Teig in die Pfanne geben. Dünne Crêpes ausbacken, dabei jede Seite ca. 1–2 Minuten bräunen lassen. Fertige Crêpes stapeln und warmhalten.

Zitronencreme zaubern

1. Mascarpone mit Puderzucker und Zitronensaft in einer Schüssel verrühren, bis eine glatte Masse entsteht.
2. Schlagsahne steif schlagen und vorsichtig unter die Mascarpone-Mischung heben. Kühlstellen, bis die Crêpes fertig sind.

Anrichten wie eine Königin

1. Die Crêpes mit der Zitronencreme bestreichen, nach Belieben zusammenrollen oder falten. Dann mit einem Hauch Puderzucker bestäuben.

Tipp aus der Schlossküche

Falls euch der Geschmack noch nicht königlich genug ist, ergänzt die Creme mit einem Hauch Vanilleextrakt oder serviert die Crêpes mit einer warmen Beeren-Soße.

Pro Portion: 828 kcal, 55 g Kohlenh., 17 g Eiweiß, 60 g Fett

vegetarisch

Prinzessinnen-Pancakes

Zutaten:

- 150 g Mehl
- 1 TL Backpulver
- 1 Prise Salz
- 1 TL Zimt
- 2 EL Zucker
- 1 Ei
- 200 ml Milch
- 1 TL Vanilleextrakt
- 1 EL Butter oder Pflanzenöl
- Frisches Obst
- Ahornsirup oder Honig zum Beträufeln

Schwierigkeitsgrad: **mittel**
Dauer: **ca. 10 Min.**
Zutaten für **6 Pancakes**

Zubereitung:

1. **Der Teig:** Vermischt in einer großen Schüssel das Mehl, Backpulver, Salz, Zimt und Zucker. In einer separaten Schüssel verquirlt das Ei mit der Milch, dem Vanilleextrakt und der geschmolzenen Butter, diese könnt ihr leicht in der Mikrowelle schmelzen. Gießt die flüssigen Zutaten zu den trockenen Zutaten und verrührt alles zu einem glatten Teig. Achtet darauf, nicht zu lange zu rühren, damit die Pancakes fluffig bleiben.
2. **Das Braten:** Erhitzt eine beschichtete Pfanne bei mittlerer Hitze und gebt ein wenig Butter oder Öl hinein. Gebt pro Pancake etwa 2-3 Esslöffel Teig in die Pfanne und lasst sie langsam backen. Wenn kleine Bläschen an der Oberfläche erscheinen, ist es Zeit, die Pancakes vorsichtig zu wenden. Bratet sie goldbraun und duftend aus.
3. **Das Anrichten:** Stapelt die Pancakes auf einem Teller zu einem kleinen Turm. Belegt sie großzügig mit frischem Obst eurer Wahl und träufelt einen Spritzer Ahornsirup oder Honig darüber. Für einen besonderen Touch könnt ihr die Pancakes mit einem Hauch Puderzucker bestäuben.

Tipp aus der Schlossküche

Für eine extra Portion Glamour könnt ihr gehackte Nüsse oder Kakao über die Pancakes streuen. Wenn ihr es besonders schokoladig mögt, fügt dem Teig ein paar Schokoladenstückchen hinzu. Diese schmelzen beim Backen und sorgen für eine köstliche Erfahrung.

Pro Pancake: 159 kcal, 25 g Kohlenh., 5 g Eiweiß, 4 g Fett

vegetarisch

Frühstückswaffeln

mit Vanilleglanz

Zutaten:

- 250 g Mehl
- 1 TL Backpulver
- 2 Eier
- 80 g Zucker
- 2 Päckchen Vanillezucker
- 100 g Butter
- 250 ml Milch
- 1 Prise Salz
- 200 ml Schlagsahne
- 2 EL Puderzucker

Royal Optional:

- Beeren, frisch oder tiefgekühlt

Schwierigkeitsgrad: **leicht**
Dauer: **ca. 10 Min.**
Zutaten für **4 Portionen**

Zubereitung:

Die Waffeln zubereiten

1. Mehl, Backpulver und Salz in einer Schüssel mischen.
2. In einer zweiten Schüssel Eier, Zucker und 1 Päckchen Vanillezucker schaumig schlagen. Die geschmolzene Butter und Milch unterrühren.
3. Die Mehlmischung nach und nach unter die flüssigen Zutaten heben, bis ein glatter Teig entsteht.
4. Ein Waffeleisen vorheizen, leicht einfetten und den Teig portionsweise ausbacken, bis die Waffeln goldbraun sind.

Den Vanilleglanz zaubern

1. Schlagsahne mit Puderzucker und dem zweiten Päckchen Vanillezucker steif schlagen.

Anrichten wie eine Königin

1. Die warmen Waffeln auf einem Teller anrichten und mit Vanilleglanz toppen.
2. Mit Puderzucker bestäuben und mit Beeren dekorieren.

Tipp aus der Schlossküche

Die Waffeln lassen sich auch hervorragend mit Schokosoße oder einer Kugel Vanilleeis ergänzen, falls der königliche Gaumen es besonders süß mag!

Pro Portion: 782 kcal, 83 g Kohlenh., 13 g Eiweiß, 44 g Fett

vegetarisch

Prinzessinnen-Porridge

mit Himbeerzauber

Zutaten:

- 200 g (zarte) Haferflocken
- 600 - 800 ml Milch
- 1 Prise Salz
- 2 EL Honig oder Ahornsirup
- 200 g Himbeeren
- 1–2 EL Zucker oder Honig
- 1 TL Zitronensaft

Royal Optional:

- Mandelsplitter
- Kokosraspeln
- Minzblätter

Schwierigkeitsgrad: **mittel**
Dauer: **ca. 15 Min.**
Zutaten für **4 Portionen**

Zubereitung:

Der Porridge: Basis für königlichen Genuss

1. Die Milch in einem Topf erhitzen und die Haferflocken sowie die Prise Salz einrühren.
2. Unter ständigem Rühren auf niedriger bis mittlerer Hitze köcheln lassen, bis der Porridge schön cremig ist (ca. 5–8 Minuten).
3. Mit Honig oder Ahornsirup süßen und warmhalten.

Der Himbeerzauber: Ein Hauch Magie

1. Die Himbeeren zusammen mit Zucker oder Honig und Zitronensaft in einen kleinen Topf geben.
2. Bei mittlerer Hitze leicht köcheln lassen, bis eine dickflüssige Soße entsteht (ca. 5 Minuten). Bei wenig Zeit hilft ein Pürierstab.
3. Durch ein feines Sieb streichen, wenn ihr die Kerne entfernen möchtet – oder einfach rustikal lassen.

Anrichten wie am königlichen Frühstückstisch

1. Den warmen Porridge in Schalen füllen.
2. Den Himbeerzauber großzügig darüber träufeln und mit frischen Himbeeren dekorieren.
3. Nach Belieben mit Mandelsplittern, Kokosraspeln und Minzblättern verzieren.

Pro Portion: 433 kcal, 58 g Kohlenh., 15 g Eiweiß, 15 g Fett

Frühstück

vegetarisch

Feenhaftes Fruchtparfait

Zutaten:

- 500 g Joghurt
- 2 EL Honig oder Ahornsirup
- 100 g Müsli
- 200 g Beeren (z.B. Erdbeeren, Himbeeren, etc.)
- 1 reife Mango
- 1 Kiwi

Royal Optional:

- Kokoschips oder gehackte Nüsse

Schwierigkeitsgrad: **leicht**
Dauer: **ca. 10 Min.**
Zutaten für **4 Portionen**

Zubereitung:

Vorbereitung der Früchte

1. Die Mango schälen und in kleine Würfel schneiden.
2. Die Kiwi schälen und ebenfalls würfeln.
3. Beeren je nach Größe halbieren oder im Ganzen lassen.

Joghurt verfeinern

1. Den Joghurt mit Honig oder Ahornsirup glatt rühren.
2. Optional: Einen Hauch Vanilleextrakt hinzufügen, um das Parfait besonders aromatisch zu machen.

Schichten wie eine Königin

1. In dekorative Gläser abwechselnd eine Schicht Joghurt, eine Schicht Früchte und eine Schicht Müsli geben.
2. Wiederholen, bis das Glas gefüllt ist, und dabei kreativ die Farben der Früchte anordnen – schließlich ist es ein königlicher Genuss!

Krönung des Parfaits

1. Mit einer letzten Schicht Joghurt abschließen, mit frischen Beeren und Kokoschips oder Nüssen dekorieren.
2. Nach Wunsch mit etwas zusätzlichem Honig beträufeln.

Tipp aus der Schlossküche

Das Parfait lässt sich leicht vorbereiten, dann aber das Müsli erst kurz vor dem Servieren hinzufügen, damit es schön knusprig bleibt.

Pro Portion: 340 kcal, 42 g Kohlenh., 15 g Eiweiß, 13 g Fett

vegetarisch

Marmeladen-Törtchen à la Royale

Zutaten:

- 250 g Mehl
- 125 g kalte Butter
- 60 g Zucker
- 1 Eigelb
- 2–3 EL kaltes Wasser
- 200 g Marmelade nach Wahl
- Puderzucker

- Muffinform

Schwierigkeitsgrad: **anspruchsvoll**
Dauer: **ca. 30 Min.**
Zutaten für **8 Törtchen**

Zubereitung:

Der königliche Teig

1. Mehl und Zucker in eine Schüssel geben, die kalte Butter in Stückchen hinzufügen.
2. Den Teig mit den Händen oder einem Teigmischer zu einer krümeligen Masse verarbeiten.
3. Eigelb und 2 EL kaltes Wasser hinzufügen und zu einem glatten Teig verkneten. Falls der Teig zu trocken ist, noch etwas Wasser hinzufügen.
4. Den Teig in Frischhaltefolie wickeln und mindestens 30 Minuten im Kühlschrank ruhen lassen.

Die Törtchen formen

1. Den Backofen auf 180 °C (Ober-/Unterhitze) vorheizen.
2. Den Teig ziemlich dick ausrollen und Kreise ausstechen, die etwas größer sind als die Mulden eurer Muffinform.
3. Jede Mulde der Muffinform einfetten und mit einem Teigkreis auskleiden. Den Teig leicht andrücken.

Die Marmeladenfüllung

1. In jede Teigmulde ca. 1–2 TL Marmelade geben – nicht zu viel, da die Marmelade beim Backen blubbern kann.

Backen und dekorieren

1. Die Törtchen im vorgeheizten Ofen ca. 15–20 Minuten backen, bis der Teig goldbraun ist.
2. Aus dem Ofen nehmen, abkühlen lassen und vor dem Servieren mit Puderzucker bestäuben.

Pro Törtchen: 331 kcal, 49 g Kohlenh., 4 g Eiweiß, 14 g Fett

vegetarisch

Herzhaftes Avocado-Toast

mit Ei on Top

Zutaten:

- 4 Scheiben Vollkornbrot
- 2 reife Avocados
- 1 TL Zitronensaft
- 1 Prise Salz
- 1 Prise Pfeffer
- 4 Eier (weichgekocht oder als Spiegelei)
- 8 Cherrytomaten (halbiert)

Royal Optional:

- 1 EL Kürbiskerne oder Sesam
- Kräuter (z. B. Schnittlauch oder Koriander)

Schwierigkeitsgrad: **leicht**
Dauer: **ca. 5-10 Min.**
Zutaten für **4 Portionen**

Zubereitung:

Der königliche Avocado-Aufstrich

1. Die Avocados halbieren, den Kern entfernen und das Fruchtfleisch mit einem Löffel herauslösen.
2. In einer Schüssel mit einer Gabel zerdrücken und mit Zitronensaft, Salz und Pfeffer nach Geschmack verfeinern.

Das Brot vorbereiten

1. Die Brotscheiben leicht toasten, bis sie goldbraun und knusprig sind.

Die Eier zubereiten

1. Eier nach Wunsch weichkochen, pochieren oder als Spiegelei zubereiten.

Anrichten wie eine Königin

1. Den Avocado-Aufstrich großzügig auf die getoasteten Brotscheiben streichen.
2. Die Eier auf den Toast legen, mit Cherrytomaten und ggf. Kürbiskernen und Kräutern dekorieren.
3. Mit frischen Kräutern bestreuen und bei Bedarf mit etwas mehr Pfeffer und Salz abschmecken.

Tipp aus der Schlossküche

Für einen besonderen Genuss könnt ihr das Brot mit etwas Olivenöl beträufeln oder mit Chili-Flocken einen Hauch von königlicher Schärfe hinzufügen.

Pro Portion: 366 kcal, 35 g Kohlenh., 15 g Eiweiß, 19 g Fett

vegetarisch

Blaubeer-Muffins

aus der Schlossbäckerei

Zutaten:

Für den Teig:
- 250 g Mehl
- 1 ½ TL Backpulver
- ½ TL Natron
- 1 Prise Salz
- 120 g Zucker
- 2 Eier
- 100 g Butter
- 200 ml Milch
- 1 TL Vanilleextrakt oder -zucker
- 150 g Blaubeeren

Für das Topping:
- 2 EL Zucker
- 1 TL Zimt

Schwierigkeitsgrad: **anspruchsvoll**
Dauer: **ca. 30-40 Min.**
Zutaten für **12 Muffins**

Zubereitung:

Vorbereitung des Teigs

1. Den Backofen auf 180 °C (Ober-/Unterhitze) vorheizen und ein Muffinblech mit Förmchen auslegen oder einfetten.
2. Mehl, Backpulver, Natron und Salz in einer Schüssel vermengen.

Die flüssigen Zutaten mischen

1. In einer zweiten Schüssel Zucker, Eier, geschmolzene Butter (am einfachsten kurz in die Mikrowelle), Milch und Vanilleextrakt verrühren, bis die Mischung glatt ist.
2. Die flüssigen Zutaten zu den trockenen geben und nur so lange verrühren, bis ein geschmeidiger Teig entsteht.

Die Blaubeeren hinzufügen

1. Die Blaubeeren vorsichtig unterheben, damit sie nicht zerquetscht werden.

Muffins formen und backen

1. Den Teig gleichmäßig auf die Muffinförmchen verteilen.
2. Zucker und Zimt für das Topping mischen und großzügig über die Muffins streuen.
3. Die Muffins im vorgeheizten Ofen ca. 20–25 Minuten backen, bis sie goldbraun sind. Mit einem Zahnstocher testen: In einen Muffin stechen und wenn kein Teig kleben bleibt, sind sie fertig!

Servieren und genießen

Die Muffins kurz abkühlen lassen und mit Puderzucker bestäuben.

Pro Muffin: 208 kcal, 28 g Kohlenh., 4 g Eiweiß, 8 g Fett

Royale Lachs-Avocado-Bagels

Zutaten:

- 4 Bagels
- 200 g Räucherlachs
- 1 reife Avocado
- 150 g Frischkäse
- 1 TL Zitronensaft
- 1 Prise Salz und Pfeffer

Royal Optional:

- 1 EL Kapern
- Frischer Dill (einige Zweige)
- Zitronenscheiben

Schwierigkeitsgrad: **leicht**
Dauer: **ca. 5 Min.**
Zutaten für **4 Portionen**

Zubereitung:

Die Bagels vorbereiten

1. Die Bagels horizontal halbieren und in einem Toaster oder unter dem Grill leicht rösten, bis sie goldbraun und knusprig sind.

Die Avocado zubereiten

1. Die Avocado halbieren, den Kern entfernen und das Fruchtfleisch in dünne Scheiben schneiden.
2. Mit Zitronensaft beträufeln, damit sie nicht braun wird, und mit einer Prise Salz und Pfeffer würzen.

Bagels belegen

1. Die gerösteten Bagelhälften großzügig mit Frischkäse bestreichen.
2. Eine Schicht Avocadoscheiben auflegen, gefolgt von einer Scheibe Räucherlachs.

Garnieren wie eine Königin

1. Optional Kapern und Dillzweige dekorativ über den Lachs legen.
2. Die Bagels mit einer Zitronenscheibe servieren, die nach Belieben über den Belag gedrückt werden kann.

Tipp aus der Schlossküche

Für zusätzlichen Geschmack könnt ihr die Bagels mit einer Prise Chili-Flocken oder einem Hauch Meerrettich im Frischkäse verfeinern.

Pro Portion: 506 kcal, 53 g Kohlenh., 25 g Eiweiß, 53 g Fett

vegetarisch

Mediterranes Rührei

mit Tomaten und Feta

Zutaten:

- 8 Eier
- 100 ml Milch oder Sahne
- 1 Prise Salz
- 1 Prise Pfeffer
- 2 EL Olivenöl
- 4 Scheiben Brot
- 200 g Kirschtomaten (halbiert)
- 150 g Feta (zerbröselt)

Royal Optional:

- 1 TL Oregano (frisch oder getrocknet)
- 2 EL frisches Basilikum (gehackt)

Schwierigkeitsgrad: **leicht**
Dauer: **ca. 10 Min.**
Zutaten für **4 Portionen**

Zubereitung:

Vorbereitung der Zutaten

1. Die Kirschtomaten halbieren und den Feta in kleine Stücke zerbröseln.
2. Die Eier in einer Schüssel mit Milch oder Sahne verquirlen, Salz, Pfeffer und ggf. Oregano hinzufügen.

Tomaten anbraten

1. Olivenöl in einer großen Pfanne erhitzen, mittlere Stufe, nicht zu heiß.
2. Die Kirschtomaten darin ca. 2 Minuten bei mittlerer Hitze anbraten, bis sie leicht weich werden, aber noch ihre Form behalten.

Das Rührei zubereiten

1. Die Eiermischung in die Pfanne zu den Tomaten geben.
2. Bei mittlerer Hitze vorsichtig rühren, bis die Eier langsam stocken. Achtet darauf, dass sie cremig bleiben und nicht zu trocken werden.

Feta und Basilikum hinzufügen

1. Sobald das Rührei fast fertig ist, den zerbröselten Feta und optional das gehackte Basilikum unterheben.
2. Kurz durchziehen lassen, damit der Feta leicht schmilzt und das Basilikum sein Aroma entfaltet.

Anrichten wie eine Königin

1. Das Rührei auf den getoasteten Brotscheiben anrichten.
2. Mit einem Hauch Olivenöl beträufeln und optional mit frischem Basilikum oder Oregano garnieren.

Pro Portion: 470 kcal, 28 g Kohlenh., 24 g Eiweiß, 28 g Fett

vegetarisch

Süßkartoffel-Spinat-Wrap

Zutaten:

- 2 mittelgroße Süßkartoffeln (ca. 400 g)
- 200 g Babyspinat
- 150 g Feta (zerbröckelt)
- 2 EL Sonnenblumen- bzw. Pflanzenöl
- 1 Prise Salz
- 1 Prise Pfeffer
- 4 große Tortilla-Wraps

Royal Optional:

- 2 EL Naturjoghurt oder Hummus zum Bestreichen
- 1 Prise Muskatnuss

Schwierigkeitsgrad: **mittel**
Dauer: **ca. 15 Min.**
Zutaten für **4 Portionen**

Zubereitung:

Die Süßkartoffeln zubereiten

1. Die Süßkartoffeln schälen und in kleine Würfel schneiden.
2. In einer Pfanne mit 1 EL Öl ca. 10 Minuten anbraten, bis sie goldbraun und weich sind. Mit Salz, Pfeffer und optional einer Prise Muskatnuss würzen.

Den Spinat anbraten

1. Den restlichen 1 EL Öl in die Pfanne geben und den Babyspinat hinzufügen.
2. Kurz anbraten, bis er zusammenfällt. Leicht salzen und pfeffern.

Die Wraps vorbereiten

1. Die Tortilla-Wraps kurz in einer Pfanne oder Mikrowelle erwärmen, damit sie geschmeidig werden.
2. Optional: Mit Naturjoghurt oder Hummus dünn bestreichen.

Wraps füllen und rollen

1. Die Süßkartoffelwürfel und den Spinat gleichmäßig auf die Wraps verteilen.
2. Den zerbröckelten Feta darüberstreuen.
3. Die Wraps fest einrollen und halbieren.

Anrichten wie eine Königin

Die Wraps auf einem Teller oder in einer Servierschale anrichten. Nach Wunsch mit frischen Kräutern oder einem Dip servieren.

Pro Portion: 399 kcal, 51 g Kohlenh., 14 g Eiweiß, 14 g Fett

vegetarisch

Pasta Royale

mit Knoblauch und Öl

Zutaten:

- 400 g Spaghetti
- 4–5 Knoblauchzehen (in feine Scheiben geschnitten)
- 6 EL Olivenöl
- 50 g Parmesan oder ein anderer Käse der gerade da ist
- 1 Prise Salz
- 1 Prise Pfeffer

Royal Optional:

- Petersilie (gehackt)
- 1 TL Chili-Flocken (nach Geschmack)

Schwierigkeitsgrad: **leicht**
Dauer: **ca. 15 Min.**
Zutaten für **4 Portionen**

Zubereitung:

Die Pasta kochen

1. Einen großen Topf mit gesalzenem Wasser zum Kochen bringen.
2. Die Spaghetti nach Packungsanleitung al dente kochen. Beim Abgießen 100 ml Nudelwasser auffangen.

Die Soße zubereiten

1. Während die Pasta kocht, das Olivenöl in einer großen Pfanne bei mittlerer Hitze erwärmen.
2. Die Knoblauchscheiben in das warme Öl geben und goldbraun anbraten – Achtung, nicht zu dunkel, sonst wird der Knoblauch bitter.
3. Optional die Chili-Flocken hinzufügen und kurz mitrösten, um das Aroma freizusetzen.

Die Pasta veredeln

1. Die abgegossenen Spaghetti in die Pfanne mit der Knoblauch-Chili-Mischung geben.
2. Das aufgefangene Nudelwasser hinzufügen und alles gut durchschwenken, bis die Soße die Pasta leicht umhüllt.
3. Mit Salz und Pfeffer abschmecken.

Anrichten wie eine Königin

1. Die Pasta auf Teller verteilen, mit frisch geriebenem Parmesan bestreuen und nach Belieben mit gehackter Petersilie garnieren.
2. Sofort servieren, damit die Pasta schön warm bleibt.

Pro Portion: 356 kcal, 34 g Kohlenh., 11 g Eiweiß, 19 g Fett

vegan

Majestätische Gemüsesuppe

Zutaten:

- 1 Dose gehackte Tomaten (ca. 400 g)
- 1 l Wasser
- 2 EL Gemüsebrühe-Pulver
- 200 g Tiefkühlgemüse (z. B. Erbsen, Karotten, Mais oder etc.)
- 2 EL Sonnenblumen- bzw. Pflanzenöl
- 1 kleine Zwiebel (fein gehackt)
- 2 Knoblauchzehen (fein gehackt)
- 1 TL Paprikapulver (edelsüß)
- Salz und Pfeffer nach Geschmack

Royal Optional:

- 50 g Reis oder Nudeln für eine sättigende Variante

Schwierigkeitsgrad: **leicht**
Dauer: **ca. 15 Min.**
Zutaten für **4 Portionen**

Zubereitung:

Vorbereitung der Basis

1. Das Öl in einem großen Topf auf mittlerer Stufe erhitzen und die gehackte Zwiebel sowie den Knoblauch darin glasig anbraten.
2. Paprikapulver und getrocknete Kräuter hinzufügen und kurz mit anrösten, um die Aromen freizusetzen.

Wasser und Gemüsebrühe-Pulver hinzufügen

1. Das Wasser in den Topf gießen und das Gemüsebrühe-Pulver einrühren, bis es sich vollständig aufgelöst hat.
2. Die gehackten Tomaten hinzufügen und gut umrühren.
3. Auf hoher Stufe zum Kochen bringen und die Hitze anschließend auf mittlere Stufe reduzieren.

Das Gemüse hinzufügen

1. Das Tiefkühlgemüse in die Suppe geben und ca. 10 Minuten köcheln lassen, bis es weich, aber noch bissfest ist. Dann mit Salz und Pfeffer abschmecken. Fertig!
2. Optional: Reis, Nudeln oder Linsen hinzufügen und entsprechend der Packungsanleitung garen.

Tipp aus der Schlossküche

Für eine besonders kräftige Note könnt ihr zusätzlich 1 TL Tomatenmark oder einen Spritzer Zitronensaft in die Suppe geben. Ein Schuss Sahne oder Kokosmilch verleiht der Suppe eine cremige Note.

Pro Portion: 115 kcal, 13 g Kohlenh., 3 g Eiweiß, 6 g Fett

vegan

Kartoffel-Salat à la Krone

Zutaten:

- 600 g festkochende Kartoffeln
- 1 kleine Zwiebel (fein gehackt)
- 3 EL (Weißwein-)Essig
- 4 EL Olivenöl
- 1 TL Senf (mittelscharf oder Dijon)
- 1 TL Zucker
- Salz und Pfeffer nach Geschmack

Royal Optional:

- 1 EL gehackte Petersilie

Schwierigkeitsgrad: **leicht**
Dauer: **ca. 30 Min.**
Zutaten für **4 Portionen**

Zubereitung:

Die Kartoffeln kochen

1. Kartoffeln in Salzwasser ca. 20 Minuten kochen, bis sie gar, aber noch bissfest sind.
2. Anschließend abgießen, abkühlen lassen und in dünne Scheiben schneiden.

Das Dressing vorbereiten

1. In einer Schüssel den Essig, Senf, Zucker, Salz und Pfeffer verrühren.
2. Unter ständigem Rühren das Olivenöl langsam hinzufügen, bis ein glattes Dressing entsteht.

Den Salat zusammenstellen

1. Die Kartoffelscheiben in eine große Schüssel geben und mit der gehackten Zwiebel vermengen.
2. Das Dressing darüber gießen und vorsichtig umrühren, damit die Kartoffeln nicht zerbrechen.
3. Den Salat 15–20 Minuten ziehen lassen, damit sich die Aromen entfalten können.

Garnieren und servieren

1. Den Kartoffelsalat mit gehackter Petersilie bestreuen und bei Bedarf noch einmal abschmecken.
2. Warm oder kalt servieren – königlich köstlich!

Tipp aus der Schlossküche

Für einen klassischeren Kartoffelsalat könnt ihr 2–3 EL Mayonnaise in das Dressing einrühren. Reduziert in diesem Fall das Olivenöl auf 2 EL. Für zusätzlichen Pfiff könnt ihr noch einen Spritzer Zitronensaft hinzufügen.

Pro Portion: 221 kcal, 29 g Kohlenh., 3 g Eiweiß, 10 g Fett

Thunfisch-Pasta-Krönung

Zutaten:

- 400 g Pasta (z. B. Penne oder Spaghetti)
- 2 Dosen Thunfisch im eigenen Saft
- 1 kleine Zwiebel (fein gehackt)
- 2 Knoblauchzehen (fein gehackt)
- 3 EL Sonnenblumen- bzw. Pflanzenöl
- 200 ml gehackte Tomaten
- 2 EL Tomatenmark
- Salz und Pfeffer nach Geschmack

Royal Optional:

- 100 ml Sahne
- 1 TL Oregano oder Basilikum
- 50 g Parmesan oder anderer Käse

Schwierigkeitsgrad: **mittel**
Dauer: **ca. 20 Min.**
Zutaten für **4 Portionen**

Zubereitung:

Die Pasta kochen

1. Einen großen Topf mit gesalzenem Wasser zum Kochen bringen und die Pasta nach Packungsanleitung al dente kochen.
2. Beim Abgießen 100 ml Nudelwasser auffangen.

Die Soße vorbereiten

1. Während die Pasta kocht, das Öl in einer großen Pfanne erhitzen und die gehackte Zwiebel sowie den Knoblauch darin glasig anbraten.
2. Das Tomatenmark hinzufügen und kurz anrösten.
3. Die passierten Tomaten und den Thunfisch (abgetropft) in die Pfanne geben. Alles gut vermengen.
4. Mit Salz, Pfeffer und ggf. Oregano würzen. Optional die Sahne hinzufügen, um die Soße cremiger zu machen.

Die Pasta in der Soße schwenken

1. Die abgetropfte Pasta direkt in die Pfanne geben und mit der Soße vermengen.
2. Falls die Soße zu dick ist, etwas vom aufgefangenen Nudelwasser hinzufügen, bis die gewünschte Konsistenz erreicht ist.

Anrichten wie eine Königin

1. Die Pasta auf Teller verteilen und nach Wunsch mit frisch geriebenem Parmesan bestreuen.

Pro Portion: 475 kcal, 38 g Kohlenh., 32 g Eiweiß, 21 g Fett

vegetarisch

Reis-Pfanne für die Hoheit

Zutaten:

- 200 g Reis
- 200 g Tiefkühlerbsen
- 1 kleine Karotte (fein gewürfelt)
- 1 EL Sonnenblumenöl
- 2 Eier (leicht verquirlt)
- 1 Prise Salz und Pfeffer

Royal Optional:

- 2 EL Sojasoße (oder Maggi Würze)
- 1 TL Sesam
- Frühlingszwiebeln oder frische Kräuter zum Garnieren

Schwierigkeitsgrad: **leicht**
Dauer: **ca. 20 Min.**
Zutaten für **4 Portionen**

Zubereitung:

Den Reis kochen

1. Den Reis in einem Topf mit der doppelten Menge Wasser und einer Prise Salz nach Packungsanleitung gar kochen.
2. Anschließend abgießen, abkühlen lassen und zur Seite stellen.

Die Pfanne

1. Die Karotte schälen und fein würfeln.
2. Das Öl in einer Pfanne erhitzen.
3. Die Karottenwürfel und Erbsen darin bei mittlerer Hitze ca. 3–4 Minuten anbraten.
4. Die verquirlten Eier in die Pfanne geben und unter ständigem Rühren leicht stocken lassen, sodass sie kleine Stückchen bilden.

Den Reis und die Sojasoße hinzufügen

1. Den gekochten Reis in die Pfanne geben und mit dem Gemüse und den Eiern vermengen.
2. Die Sojasoße optional hinzufügen und alles gut durchmischen. Mit Salz und Pfeffer abschmecken.
3. Nach Wunsch mit Zwiebeln oder den Kräutern garnieren.

Tipp aus der Schlossküche

Für einen zusätzlichen Geschmackskick könnt ihr etwas Ingwer oder Knoblauch in feine Würfel schneiden und mit dem Gemüse anbraten.

Pro Portion: 305 kcal, 49 g Kohlenh., 11 g Eiweiß, 7 g Fett

vegetarisch

Mini-Quiches Royale

Zutaten:

- 1 Rolle fertiger Mürbeteig (alternativ: Blätterteig)
- 3 Eier
- 150 ml Sahne
- 100 ml Milch
- 100 g Käse (gerieben)
- 100 g Spinat
- 100 g Feta (zerbröckelt)
- 1 Knoblauchzehe (fein gehackt)
- 1 Prise Salz und Pfeffer

Royal Optional:

- 1 Prise Muskatnuss
- 50 g Speckwürfel oder Räucherlachs

Schwierigkeitsgrad: **mittel**
Dauer: **ca. 40 Min.**
Zutaten für **12 Mini Quiches**

Zubereitung:

Den Teig zubereiten

1. Den Backofen auf 180 °C (Ober-/Unterhitze) vorheizen.
2. Eine Muffinform leicht einfetten oder mit Papierförmchen auslegen.
3. Den Mürbeteig auf einer bemehlten Fläche ausrollen.
4. Mit einem runden Ausstecher oder einem Glas (ca. 8 cm Durchmesser) Kreise ausstechen.
5. Die Teigkreise in die Muffinform legen und leicht andrücken, sodass der Teig den Boden und die Ränder auskleidet.

Die Füllung zubereiten

1. Die Eier, Sahne und Milch in einer Schüssel verquirlen. Mit Salz, Pfeffer und optional Muskatnuss würzen.
2. Den geriebenen Käse, Spinat, Feta und Knoblauch unterrühren.
3. Optional: Speckwürfel oder Räucherlachs hinzufügen, wenn gewünscht.

Die Quiches füllen und backen

1. Die Füllung gleichmäßig auf die vorbereiteten Teigförmchen verteilen.
2. Im vorgeheizten Backofen ca. 20–25 Minuten backen, bis die Mini-Quiches goldbraun sind und die Füllung gestockt ist.

Servieren wie eine Königin

1. Die Quiches aus der Form nehmen und leicht abkühlen lassen.
2. Warm oder bei Zimmertemperatur servieren.

Pro Quiche: 230 kcal, 15 g Kohlenh., 7 g Eiweiß, 16 g Fett

Blätterteig-Kronen

mit Lachs und Frischkäse

Zutaten:

- 1 Rolle fertiger Blätterteig
- 1 Eigelb (zum Bestreichen)
- 100 g Räucherlachs (fein gehackt)
- 150 g Frischkäse (Natur oder Kräuter)
- 1 TL Zitronensaft
- Salz und Pfeffer nach Geschmack

Royal Optional:

- 1 TL Dill (frisch oder getrocknet)

Schwierigkeitsgrad: **anspruchsvoll**
Dauer: **ca. 30 Min.**
Zutaten für **4 Portionen**

Zubereitung:

Blätterteig vorbereiten

1. Den Backofen auf 200 °C vorheizen.
2. Den Blätterteig auf einer bemehlten Arbeitsfläche ausrollen.
3. Mit einem runden Ausstecher oder Glas (ca. 8 cm Durchmesser) Kreise ausstechen.
4. Die Hälfte der Kreise in der Mitte mit einem kleineren Ausstecher (z. B. 4 cm Durchmesser) zu Ringen ausstechen – diese bilden die Krone.

Kronen formen und backen

1. Die ganzen Blätterteig-Kreise auf ein mit Backpapier ausgelegtes Backblech legen.
2. Die Teigringe vorsichtig auf die ganzen Kreise legen, sodass eine Kante entsteht.
3. Das Eigelb verquirlen und die Blätterteig-Kronen gleichmäßig damit bestreichen.
4. Im vorgeheizten Backofen ca. 12–15 Minuten backen, bis sie goldbraun und aufgegangen sind.

Die Füllung zubereiten und die Kronen füllen

1. Den Frischkäse mit dem gehackten Räucherlachs, Zitronensaft und Dill vermengen.
2. Mit Salz und Pfeffer abschmecken.
3. Die gebackenen Blätterteig-Kronen leicht abkühlen lassen.
4. Die Lachs-Frischkäse-Füllung mit einem Spritzbeutel oder Löffel in die Mitte der Kronen geben.

Tipp aus der Schlossküche

Ihr könnt die Füllung nach Belieben variieren: Statt Lachs könnt ihr z. B. Paprikawürfel als vegane Alternative verwenden.

Pro Portion: 150 kcal, 12 g Kohlenh., 4 g Eiweiß, 10 g Fett

vegetarisch

Caprese-Spieße

Zutaten:

- 150g Mozzarella, ca. 12 mini Kugeln oder in Würfel schneiden
- 12 Kirschtomaten
- 12 frische Basilikumblätter
- 1 EL Olivenöl
- 1 Prise Salz und Pfeffer
- 12 Zahnstocher oder kleine Holzspieße

Royal Optional:

- 2 EL Aceto Balsamico di Modena

Schwierigkeitsgrad: **leicht**
Dauer: **ca. 5-10 Min.**
Zutaten für **12 Spieße**

Zubereitung:

Die Zutaten vorbereiten

1. Die Kirschtomaten waschen und abtrocknen.
2. Die Mozzarella-Kugeln gut abtropfen lassen.
3. Die frischen Basilikumblätter vorbereiten und von den Stielen abzupfen.

Die Spieße zusammenstellen

1. Auf jeden Zahnstocher oder Holzspieß in dieser Reihenfolge: eine Kirschtomate, ein Basilikumblatt und eine Mozzarella-Kugel aufspießen.
2. Nach Belieben die Reihenfolge wiederholen, wenn die Spieße etwas länger sind.

Verfeinern und servieren

1. Die Spieße auf einer Servierplatte arrangieren.
2. Mit Olivenöl beträufeln und leicht salzen und pfeffern.
3. Optional: Einen feinen Streifen Aceto Balsamico di Modena über die Spieße geben, um den Geschmack zu intensivieren und ein edles Aussehen zu verleihen.

Tipp aus der Schlossküche

Für eine Variation könnt ihr die Mozzarella-Kugeln vorab in Pesto marinieren, um noch mehr Geschmack zu zaubern.

Pro Spieß: 47 kcal, 1 g Kohlenh., 3 g Eiweiß, 3 g Fett

vegetarisch

Gefüllte Champignons

mit Kräuterkruste

Zutaten:

- 12 große Champignons
- 150 g Frischkäse
- 50 g Gouda (gerieben)
- 1 Knoblauchzehe (fein gehackt)
- 1 EL Petersilie (frisch gehackt)
- 1 TL Thymian
- 2 EL Semmelbrösel
- 2 EL Olivenöl
- Salz und Pfeffer nach Geschmack

Schwierigkeitsgrad: **mittel**
Dauer: **ca. 35 Min.**
Zutaten für **12 gefüllte Champignons**

Zubereitung:

Die Champignons vorbereiten

1. Die Champignons putzen und die Stiele vorsichtig herausdrehen.
2. Die Stiele fein hacken und beiseitestellen.

Die Füllung zubereiten

1. Den Frischkäse mit dem geriebenen Gouda, den Champignonstielen, dem Knoblauch, der Petersilie und dem Thymian vermengen.
2. Mit Salz und Pfeffer abschmecken.

Die Champignons füllen

1. Die Champignonköpfe auf ein mit Backpapier ausgelegtes Backblech legen.
2. Mit einem Löffel die Füllung großzügig in die Champignons geben.

Die Kräuterkruste zubereiten

1. Semmelbrösel mit Olivenöl vermengen und leicht salzen.
2. Die Kruste gleichmäßig auf die gefüllten Champignons streuen.

Backen und servieren

1. Den Backofen auf 180 °C (Ober-/Unterhitze) vorheizen.
2. Die Champignons im vorgeheizten Ofen ca. 15–20 Minuten backen, bis die Kruste goldbraun ist.
3. Warm servieren, mit zusätzlicher Petersilie oder geriebenem Gouda garniert.

Pro Champignon: 78 kcal, 4 g Kohlenh., 3 g Eiweiß, 6 g Fett

Datteln im Speckmantel

Zutaten:

- 12 entsteinte Datteln
- 6 Scheiben Speck (halbiert, sodass ihr 12 kurze Streife erhaltet)
- Zahnstocher oder kleine Holzspieße

Royal Optional:

- 50 g Frischkäse (zum Füllen der Datteln)

Schwierigkeitsgrad: **leicht**
Dauer: **ca. 20 Min.**
Zutaten für **12 Datteln**

Zubereitung:

Datteln vorbereiten

1. Wenn die Datteln noch nicht entsteint sind, vorsichtig längs einschneiden und den Stein entfernen.
2. Optional: Die Datteln mit einem kleinen Klecks Frischkäse füllen.

Datteln umwickeln

1. Jede Dattel mit einem halben Speckstreifen umwickeln.
2. Mit einem Zahnstocher oder Holzspieß fixieren, damit der Speck beim Backen nicht aufgeht.

Datteln backen

1. Den Backofen auf 200 °C (Ober-/Unterhitze) vorheizen.
2. Die Datteln auf ein mit Backpapier ausgelegtes Backblech legen.
3. Ca. 10–15 Minuten backen, bis der Speck knusprig ist. Nach der Hälfte der Backzeit wenden, damit der Speck gleichmäßig bräunt.

Servieren wie eine Königin

1. Die Datteln leicht abkühlen lassen und auf einer Servierplatte anrichten.
2. Optional mit einem Hauch Honig oder Balsamico-Glasur beträufeln, um die süß-herzhafte Kombination zu verstärken.

Tipp aus der Schlossküche

Für eine raffinierte Note könnt ihr die Datteln auch mit einer Mandel oder Walnuss füllen, bevor ihr sie mit Speck umwickelt.

Pro Dattel: 148 kcal, 15 g Kohlenh., 6 g Eiweiß, 7 g Fett

Hähnchen-Saté-Spieße
mit Erdnusssoße

Zutaten:

- 400 g Hähnchenbrustfilet
- 3 EL Sojasoße (oder Maggi Würze)
- 1 EL Honig
- 2 EL Zitronensaft
- 1 Knoblauchzehe (fein gehackt)
- 1 EL Sesamöl oder Pflanzenöl
- Holzspieße (vorher in Wasser eingeweicht, damit sie beim Braten nicht verbrennen)
- 100 g Erdnussbutter (cremig oder stückig)
- 100 ml Kokosmilch
- 1 TL Zucker oder Honig

Schwierigkeitsgrad: **schwer**
Dauer: **ca. 60 Min.**
Zutaten für **12 Spieße**

Zubereitung:

Hähnchenspieße marinieren

1. Die Hähnchenbrust in Stücke schneiden, etwa 3 x 3 x 3 cm.
2. In einer Schüssel 1 EL Sojasoße, den Honig, 1 EL Zitronensaft, den gehackten Knoblauch, und das Öl zu einer Marinade verrühren.
3. Die Hähnchenstücke in die Marinade geben und mindestens 30 Minuten (oder über Nacht) im Kühlschrank ziehen lassen.

Erdnusssoße zubereiten

1. Die Erdnussbutter in einem kleinen Topf bei niedriger Hitze schmelzen lassen.
2. Kokosmilch, 2 EL Sojasoße, 1 EL Zitronensaft und Zucker hinzufügen und gut verrühren, bis eine glatte, cremige Soße entsteht. Warm halten.

Hähnchenspieße braten

1. Die marinierten Hähnchenstücke auf die eingeweichten Holzspieße stecken.
2. In einer Pfanne ca. 10–12 Minuten braten, dabei gelegentlich wenden, bis das Hähnchen durchgegart und leicht gebräunt ist.

Anrichten und servieren

1. Die Hähnchenspieße auf einer Platte anrichten.
2. Die warme Erdnusssoße in einer kleinen Schale dazu servieren.
3. Optional mit Sesam und frischen Kräutern wie Koriander oder Petersilie garnieren.

Pro Spieß: 139 kcal, 4 g Kohlenh., 13 g Eiweiß, 8 g Fett

Rinderfilet Wellington

Schwierigkeitsgrad: **sehr anspruchsvoll**
Dauer: **ca. 120 Min.**
Zutaten für **4 Portionen**

Zutaten:

Für das Rinderfilet:
- 800 g Rinderfilet (am Stück)
- 1 EL Sonnenblumenöl
- 2 EL Butter
- Salz und Pfeffer nach Geschmack

Für die Pilz-Duxelles:
- 400 g Champignons (fein gehackt)
- 2 Schalotten/Zwiebeln (fein gehackt)
- 1 Knoblauchzehe (fein gehackt)
- 1 EL frischer Thymian (gehackt)
- 1 EL Butter
- Salz und Pfeffer nach Geschmack

Für die Umhüllung:
- 8 Scheiben Parmaschinken
- 1 EL Dijon-Senf
- 1 Rolle Blätterteig (ca. 275 g)
- 1 Eigelb (zum Bestreichen)

Zubereitung:

Das Rinderfilet vorbereiten

1. Das Rinderfilet mit Salz und Pfeffer würzen.
2. In einer Pfanne das Sonnenblumenöl erhitzen und das Filet von allen Seiten scharf anbraten (jeweils ca. 1 Minute), bis es eine schöne Kruste hat.
3. Das Filet herausnehmen, mit Butter bestreichen und abkühlen lassen. Anschließend mit Dijon-Senf einreiben.

Die Pilz-Duxelles zubereiten

1. In derselben Pfanne die Butter schmelzen und die Schalotten sowie den Knoblauch glasig anschwitzen.
2. Die fein gehackten Champignons und den Thymian hinzufügen und bei mittlerer Hitze braten, bis die Flüssigkeit vollständig verdampft ist. Mit Salz und Pfeffer abschmecken.
3. Die Pilzmischung abkühlen lassen.

Das Filet einwickeln

1. Ein großes Stück Frischhaltefolie auf der Arbeitsfläche ausbreiten.
2. Die Parmaschinken-Scheiben leicht überlappend auf die Folie legen.
3. Die abgekühlte Pilz-Duxelles gleichmäßig auf den Schinken streichen.
4. Das Filet auf die Pilze legen und mithilfe der Frischhaltefolie fest einwickeln. Mindestens 30 Minuten in den Kühlschrank legen.

Das Filet in Blätterteig hüllen

1. Den Backofen auf 200 °C (Ober-/Unterhitze) vorheizen.
2. Den Blätterteig ausrollen und das eingewickelte Filet darauflegen. Den Blätterteig um das Filet schlagen und die Ränder gut verschließen.
3. Das Filet mit der Nahtseite nach unten auf ein mit Backpapier ausgelegtes Blech legen.
4. Mit verquirltem Eigelb bestreichen und den Teig nach Wunsch mit einem Muster verzieren.

Backen und servieren

1. Das Filet im vorgeheizten Ofen ca. 25–30 Minuten backen, bis der Blätterteig goldbraun ist.
2. Vor dem Anschneiden 10 Minuten ruhen lassen.
3. In Scheiben schneiden und mit Beilagen wie grünen Bohnen servieren.

Tipp aus der Schlossküche

Zu eurem majestätischen Rinderfilet Wellington passen folgende Beilagen perfekt:

1. Samtiges Kartoffelpüree:

Schält und kocht 800 g mehligkochende Kartoffeln, bis sie weich sind.
Anschließend mit 50 g Butter, 100 ml warmer Milch und einer Prise Muskatnuss stampfen, bis ein glattes, cremiges Püree entsteht.
Mit Salz abschmecken – ein himmlischer Begleiter für die reichhaltige Pilzfüllung und den Blätterteig.

2. Geröstete grüne Bohnen mit Mandeln:

400 g frische grüne Bohnen waschen und die Enden abschneiden.
Kurz in Salzwasser kochen (ca. 3–4 Minuten), dann in Eiswasser abschrecken.
In einer Pfanne 2 EL Butter schmelzen, eine Handvoll Mandelblättchen anrösten und die Bohnen dazugeben.
Mit Salz und Pfeffer abschmecken. Der nussige Geschmack ergänzt das Gericht wunderbar.

Pro Portion: 982 kcal, 45 g Kohlenh., 65 g Eiweiß, 63 g Fett

Coq au Vin

Schwierigkeitsgrad: **anspruchsvoll**
Dauer: **ca. 90 Min.**
Zutaten für **4 Portionen**

Zutaten:

Für das Hähnchen:

- 1 ganzes Hähnchen (ca. 1,2 kg) in 8 Teile zerteilt, oder 4 Hähnchenkeulen
- 2 EL Sonnenblumenöl
- 100 g Speckwürfel
- 1 große Zwiebel (gewürfelt)
- 2 Knoblauchzehen (fein gehackt)
- 2 EL Mehl
- 250 g Champignons (geviertelt)
- 12 Perlzwiebeln oder Schalotten (geschält)

Für die Soße:

- 500 ml Rotwein (z. B. Burgunder)
- 250 ml Hühnerbrühe
- 2 EL Tomatenmark
- 2 Zweige oder 1 EL Thymian
- 2 Lorbeerblätter
- Salz und Pfeffer nach Geschmack

Zubereitung:

1. Das Hähnchen anbraten

1. Die Hähnchenteile mit Salz und Pfeffer würzen.
2. In einem großen Schmortopf das Öl erhitzen und die Hähnchenteile von allen Seiten goldbraun anbraten. Herausnehmen und beiseitestellen.

Den Speck und das Gemüse anbraten

1. Im gleichen Topf die Speckwürfel knusprig anbraten.
2. Die Zwiebeln und den Knoblauch hinzufügen und glasig anschwitzen.
3. Die Champignons und Perlzwiebeln dazugeben und einige Minuten mitbraten.

Das Hähnchen zurück in den Topf geben

1. Die angebratenen Hähnchenteile wieder in den Topf legen.
2. Mit dem Mehl bestäuben und gut vermengen, damit sich das Mehl verteilt und die Soße später bindet.

Die Soße zubereiten

1. Den Rotwein und die Hühnerbrühe in den Topf gießen.
2. Das Tomatenmark einrühren und die Thymianzweige sowie die Lorbeerblätter hinzufügen.
3. Alles bei mittlerer Hitze zum Kochen bringen, dann die Hitze reduzieren und zugedeckt ca. 45 Minuten schmoren lassen, bis das Hähnchen zart ist.

Abschmecken und servieren

1. Die Soße abschmecken und nach Bedarf mit Salz und Pfeffer verfeinern.
2. Das Coq au Vin in tiefen Tellern servieren, am besten mit frischem Baguette oder Kartoffelpüree als Beilage.

Tipp aus der Schlossküche

Für einen noch intensiveren Geschmack könnt ihr das Hähnchen schon einen Tag vorher in einer Mischung aus Rotwein, Zwiebeln, Knoblauch und Kräutern wie Thymian und Lorbeer marinieren.
Dadurch wird das Fleisch besonders zart und nimmt die Aromen noch besser auf. Vor dem Anbraten einfach gut abtropfen lassen und die Marinade später für die Soße verwenden. So wird euer Coq au Vin noch königlicher!

Pro Portion: 1098 kcal, 18 g Kohlenh., 94 g Eiweiß, 60 g Fett

Lammkarree
mit Kräuterkruste

Schwierigkeitsgrad: **sehr anspruchsvoll**
Dauer: **ca. 60 Min.**
Zutaten für **4 Portionen**

Zutaten:

Für das Lammkarree:

- 800 g Lammkarree (ca. 2 Stück, pariert)
- 1 EL Sonnenblumenöl
- 1 TL Salz
- 1/2 TL Pfeffer

Für die Kräuterkruste:

- 50 g Semmelbrösel
- 30 g Parmesan (gerieben)
- 2 EL Petersilie (gehackt)
- 2 EL Thymian (gehackt)
- 1 EL Rosmarin (gehackt)
- 2 Knoblauchzehen (fein gehackt)
- 2 EL Dijon-Senf
- 2 EL Butter (weich)

Zubereitung:

1. Das Lammkarree vorbereiten

1. Das Lammkarree waschen, trocken tupfen und überschüssiges Fett oder Silberhaut entfernen, falls nötig.
2. Mit Salz und Pfeffer würzen.
3. In einer heißen Pfanne das Öl erhitzen und das Lammkarree von allen Seiten scharf anbraten (jeweils ca. 1 Minute). Beiseitestellen.

Die Kräuterkruste vorbereiten

1. Semmelbrösel, Parmesan, Petersilie, Thymian, Rosmarin und Knoblauch in einer Schüssel vermengen.
2. Die weiche Butter und Dijon-Senf hinzufügen und zu einer streichfähigen Masse vermengen.

Das Lammkarree mit der Kräuterkruste bedecken

1. Den Backofen auf 180 °C (Ober-/Unterhitze) vorheizen.
2. Das Lammkarree auf ein mit Backpapier ausgelegtes Backblech legen.
3. Die Kräuterkruste auf die obere Seite des Lammkarrees streichen und leicht andrücken.

Im Ofen garen

1. Das Lammkarree im vorgeheizten Ofen ca. 15–20 Minuten garen, bis die gewünschte Kerntemperatur erreicht ist:

   Medium Rare: 55–58 °C

   Medium: 60–63 °C

2. Vor dem Anschneiden 5–10 Minuten ruhen lassen, damit sich die Fleischsäfte setzen.

Anrichten wie eine Königin

1. Das Lammkarree in einzelne Koteletts schneiden.
2. Mit Beilagen wie Kartoffelgratin und sautiertem Gemüse servieren.

Tipp aus der Schlossküche

Für eine intensivere Note könnt ihr etwas Zitronenabrieb in die Kräuterkruste geben. Die Frische harmoniert perfekt mit dem Lammfleisch.

Zu eurem königlichen Lammkarree passen folgende Beilagen perfekt

1. Kartoffelgratin mit Muskat:

Schält und hobelt 800 g Kartoffeln in dünne Scheiben. Schichtet sie in eine gebutterte Auflaufform.

In einem Topf 300 ml Sahne mit 100 ml Milch, 1 gepresste Knoblauchzehe, Salz, Pfeffer und einer Prise Muskatnuss erhitzen. Die Mischung über die Kartoffeln gießen, bis sie bedeckt sind.

Mit 50 g geriebenem Parmesan bestreuen und bei 180 °C (Ober-/Unterhitze) ca. 40 Minuten goldbraun backen.

2. Sautiertes Gemüse der Saison:

Schneidet 400 g Gemüse (z. B. grüne Bohnen, Karotten oder Zucchini) in mundgerechte Stücke. Blanchiert sie 2–3 Minuten in Salzwasser und schreckt sie anschließend in Eiswasser ab, damit sie die Farbe behalten.

Erhitzt in einer Pfanne 1 EL Butter, gebt das Gemüse hinzu und sautiert es kurz. Mit Salz, Pfeffer und frischen Kräutern wie Petersilie oder Thymian abschmecken.

Diese Beilagen bringen eine herrliche Balance aus Cremigkeit und Frische – ein königlicher Genuss!

Pro Portion: 669 kcal, 11 g Kohlenh., 55 g Eiweiß, 51 g Fett

Risotto Milanese

mit Jakobsmuscheln

Schwierigkeitsgrad: **sehr anspruchsvoll**
Dauer: **ca. 60 Min.**
Zutaten für **4 Portionen**

Zutaten:

Für das Risotto:

- 300 g Risotto-Reis
- 1 kleine Zwiebel (fein gehackt)
- 2 Knoblauchzehen (fein gehackt)
- 2 EL Pflanzenöl
- 100 ml trockener Weißwein
- 800 ml Hühner- oder Gemüsebrühe (warm)
- 1 TL Safranfäden (in etwas warmem Wasser eingeweicht)
- 50 g Parmesan (gerieben)
- 30 g Butter
- Salz und Pfeffer nach Geschmack

Für die Jakobsmuscheln:

- 12 Jakobsmuscheln (ca. 400 g)
- 1 EL Olivenöl
- 1 EL Butter
- 1 Prise Salz und Pfeffer
- 1 TL Zitronensaft

Zubereitung:

1. Das Risotto zubereiten

1. In einem großen Topf das Öl erhitzen und die gehackte Zwiebel sowie den Knoblauch darin glasig anschwitzen.
2. Den Risotto-Reis hinzufügen und 1–2 Minuten unter Rühren anrösten, bis er leicht durchscheinend wird.
3. Den Weißwein hineingießen und unter Rühren einkochen lassen.
4. Nach und nach die warme Brühe in kleinen Mengen hinzufügen, dabei ständig rühren, bis die Flüssigkeit aufgesogen ist. Diesen Vorgang wiederholen, bis der Reis gar, aber noch leicht bissfest ist (ca. 20 Minuten).
5. Die eingeweichten Safranfäden mitsamt der Flüssigkeit einrühren, bis das Risotto eine goldgelbe Farbe annimmt.
6. Parmesan und Butter unterrühren, mit Salz und Pfeffer abschmecken und zugedeckt warm halten.

2. Die Jakobsmuscheln braten

1. Die Jakobsmuscheln unter kaltem Wasser abspülen, trocken tupfen und leicht salzen und pfeffern.
2. Eine Pfanne auf mittelhoher Hitze erhitzen, das Olivenöl und die Butter hinzufügen.
3. Die Jakobsmuscheln auf jeder Seite ca. 1–2 Minuten braten, bis sie eine goldbraune Kruste haben. Mit Zitronensaft beträufeln.

3. Anrichten wie eine Königin

1. Das Safran-Risotto auf vorgewärmte Teller verteilen.
2. Jeweils 3 Jakobsmuscheln auf das Risotto setzen.
3. Mit etwas frisch geriebenem Parmesan und frischen Kräutern wie Petersilie oder Dill garnieren.

Tipp aus der Schlossküche

Für noch mehr Geschmack könnt ihr die Jakobsmuscheln vor dem Braten kurz in einer Mischung aus Olivenöl, Knoblauch und Zitronenschale marinieren.

Pro Portion: 596 kcal, 65 g Kohlenh., 30 g Eiweiß, 19 g Fett

vegetarisch

Auberginen-Cannelloni

Zutaten:

Für die Auberginenröllchen:
- 2 große Auberginen
- 250 g Ricotta oder Hüttenkäse
- 200 g Spinat (frisch oder tiefgekühlt, aufgetaut und abgetropft)
- 50 g Parmesan (gerieben)
- 1 Ei
- 1 Knoblauchzehe (fein gehackt)
- Salz und Pfeffer nach Geschmack

Für die Tomatensoße:
- 500 g gehackte Tomaten, püriert
- 1 kleine Zwiebel (fein gehackt)
- 2 Knoblauchzehen (gehackt)
- 1 EL Pflanzenöl
- 1 TL Zucker
- 1 TL getrockneter Oregano
- Salz und Pfeffer nach Geschmack

Für das Topping:
- 100 g Mozzarella (gerieben)
- 20 g frischer Basilikum (gehackt, zum Garnieren)

Schwierigkeitsgrad: **anspruchsvoll**
Dauer: **ca. 45 Min.**
Zutaten für **4 Portionen**

Zubereitung:

1. Die Auberginen vorbereiten

1. Die Auberginen längs in ca. 5 mm dicke Scheiben schneiden.

2. Die Scheiben leicht salzen und 15 Minuten ruhen lassen, damit die Bitterstoffe austreten. Anschließend trocken tupfen.

3. Die Auberginenscheiben in einer Pfanne mit etwas Olivenöl von beiden Seiten goldbraun anbraten und beiseitestellen.

Die Ricotta-Füllung zubereiten

1. Wenn ihr frischen Spinat verwendet: Gebt ihn in eine Pfanne mit einem kleinen Schluck Wasser. Erhitzt die Pfanne bei mittlerer Hitze, bis der Spinat weich ist und

zusammenfällt (ca. 2–3 Minuten). Gießt ihn danach ab und drückt überschüssige Flüssigkeit mit einem Löffel oder in einem Sieb aus. Wenn ihr tiefgekühlten Spinat verwendet: Lasst ihn vollständig auftauen und drückt ebenfalls die überschüssige Flüssigkeit aus.

2. Den Spinat mit Ricotta, Parmesan, Ei und Knoblauch vermengen. Mit Salz und Pfeffer abschmecken.

Die Tomatensoße zubereiten

1. Pflanzenöl in einem Topf erhitzen und die gehackte Zwiebel sowie den Knoblauch darin glasig anbraten.
2. Die passierten Tomaten hinzufügen und mit Zucker, Oregano, Salz und Pfeffer würzen.
3. Die Soße 10 Minuten bei mittlerer Hitze köcheln lassen.

Die Auberginenröllchen füllen und backen

1. Die Ricotta-Spinat-Füllung auf die gebratenen Auberginenscheiben geben, diese einrollen und mit der Naht nach unten in eine gefettete Auflaufform legen.
2. Die Tomatensoße über die Auberginenröllchen gießen.
3. Mit Mozzarella bestreuen und im vorgeheizten Backofen bei 200 °C (Ober-/Unterhitze) ca. 20 Minuten backen, bis der Käse goldbraun ist.

Anrichten wie eine Königin

1. Die Auberginen-Cannelloni auf Teller verteilen und mit frischem Basilikum garnieren.
2. Dazu passt frisches Ciabatta oder ein grüner Salat und Guacamole(Seite 135).

Tipp aus der Schlossküche

Für eine extra würzige Note könnt ihr etwas Zitronenschale in die Ricotta-Spinat-Füllung reiben – das gibt den Röllchen eine herrlich frische Komponente.

Pro Portion: 367 kcal, 23 g Kohlenh., 20 g Eiweiß, 21 g Fett

Chicken Curry (Indien)

Zutaten:

- 500 g Hähnchenbrustfilet (in Würfel geschnitten)
- 2 EL Sonnenblumen- bzw. Pflanzenöl
- 1 Zwiebel (fein gehackt)
- 2 Knoblauchzehen (gehackt)
- 1 TL Ingwer (gerieben)
- 2 EL Currypulver
- 400 ml Kokosmilch
- 200 g passierte Tomaten
- 1 TL Zucker
- Salz und Pfeffer nach Geschmack
- 200 - 250 g Basmatireis (nach Packungsanleitung zubereitet)

Schwierigkeitsgrad: **leicht**
Dauer: **ca. 30 Min.**
Zutaten für **4 Portionen**

Zubereitung:

Hähnchen anbraten

1. Das Öl in einer großen Pfanne oder einem Topf erhitzen.
2. Die Hähnchenwürfel hinzufügen und bei mittlerer Hitze anbraten, bis sie von allen Seiten leicht goldbraun sind. Herausnehmen und beiseitestellen.

Die Basis des Currys zubereiten

1. In derselben Pfanne die gehackte Zwiebel glasig anschwitzen.
2. Knoblauch und geriebenen Ingwer hinzufügen und kurz mitbraten, bis es duftet.
3. Das Currypulver einrühren und 1–2 Minuten anrösten, damit die Aromen sich entfalten können.

Das Curry fertigstellen

1. Die passierten Tomaten in die Pfanne geben und gut vermengen.
2. Die Kokosmilch und den Zucker hinzufügen und die Soße zum Köcheln bringen.
3. Das angebratene Hähnchen in die Soße geben und bei niedriger bis mittlerer Hitze 10–15 Minuten köcheln lassen, bis das Hähnchen durchgegart ist und die Soße leicht eingedickt ist.
4. Mit Salz und Pfeffer abschmecken.

Tipp aus der Schlossküche

Für eine fruchtige Note könnt ihr dem Curry zum Schluss ein paar Stücke frische Mango oder Ananas hinzufügen.

Pro Portion: 714 kcal, 49 g Kohlenh., 46 g Eiweiß, 37 g Fett

Gulasch mit Nudeln (Ungarn)

Zutaten:

- 500 g Rindergulasch (gewürfelt)
- 2 EL Sonnenblumen- bzw. Pflanzenöl
- 1 große Zwiebel (gehackt)
- 2 Knoblauchzehen (gehackt)
- 1 rote Paprika (gewürfelt)
- 2 EL Tomatenmark
- 500 ml Rinderbrühe
- 1 TL Paprikapulver (edelsüß)
- Salz und Pfeffer nach Geschmack
- 300 g breite Bandnudeln oder Spätzle

Schwierigkeitsgrad: **mittel**
Dauer: **ca. 120 Min.**
Zutaten für **4 Portionen**

Zubereitung:

Das Gulasch anbraten

1. Das Öl in einem großen Topf oder Bräter erhitzen.
2. Die Fleischwürfel rundherum scharf anbraten, bis sie leicht gebräunt sind. Herausnehmen und beiseitestellen.
3. Die Zwiebeln im gleichen Topf glasig anschwitzen.
4. Den Knoblauch und die Paprikawürfel hinzufügen und kurz mitbraten.
5. Das Tomatenmark einrühren und anrösten.

Das Gulasch schmoren

1. Die angebratenen Fleischstücke wieder in den Topf geben.
2. Mit Paprikapulver, Salz und Pfeffer würzen.
3. Die Rinderbrühe hinzufügen und einmal aufkochen lassen.
4. Die Hitze reduzieren und das Gulasch bei niedriger Temperatur mindestens 1,5 Stunden köcheln lassen, bis das Fleisch butterzart ist.
5. Optional: am Ende Sahne einrühren, um die Soße cremiger zu machen.

Die Nudeln kochen

1. Während das Gulasch fertig gart, die Nudeln in reichlich Salzwasser nach Packungsanleitung kochen.
2. Abgießen und warm halten.

Anrichten wie eine Königin

1. Die Nudeln auf Teller verteilen und das Gulasch mit Soße darüber geben.
2. Mit etwas gehackter Petersilie oder einem Klecks Sauerrahm servieren.

Pro Portion: 729 kcal, 64 g Kohlenh., 34 g Eiweiß, 43 g Fett

Paella (Spanien)

mit Gemüse und Hähnchen

Zutaten:

- 2 EL Sonnenblumen- bzw. Pflanzenöl
- 400 g Hähnchenbrust (in mundgerechte Stücke geschnitten)
- 1 Zwiebel (gehackt)
- 2 Knoblauchzehen (gehackt)
- 2 rote oder gelbe Paprika (gewürfelt)
- 2 Tomaten (gewürfelt)
- 250 g Reis
- 600 ml Hühnerbrühe
- 1 TL Paprikapulver (edelsüß)
- Salz und Pfeffer nach Geschmack
- 1 TL Safranfäden (in warmem Wasser eingeweicht)

Schwierigkeitsgrad: **mittel**
Dauer: **ca. 50 Min.**
Zutaten für **4 Portionen**

Zubereitung:

Hähnchen und Gemüse anbraten

1. Das Öl in einer großen Pfanne erhitzen.
2. Die Hähnchenstücke mit etwas Salz und Pfeffer würzen und von allen Seiten goldbraun anbraten. Herausnehmen und beiseitestellen.
3. In derselben Pfanne die Zwiebel und den Knoblauch glasig anschwitzen.
4. Die Paprikawürfel und Tomaten hinzufügen und 3–4 Minuten mitbraten.

2. Den Reis hinzufügen

1. Den Reis in die Pfanne geben und kurz anrösten, bis er leicht glasig wird.
2. Das Paprikapulver einrühren und mit der warmen Hühnerbrühe aufgießen.
3. Die eingeweichten Safranfäden samt Flüssigkeit hinzufügen und alles gut umrühren.

Die Paella fertigstellen

1. Das Hähnchen wieder in die Pfanne geben und auf mittlere Stufe köcheln lassen.
2. Optional: Die Paella nun nicht mehr umrühren – so entsteht am Boden eine leichte Kruste (die berühmte „Socarrat").
3. Etwa 20 Minuten köcheln lassen, bis der Reis die Flüssigkeit aufgenommen hat. Falls nötig, etwas mehr Brühe hinzufügen.

Anrichten wie eine Königin

1. Die fertige Paella mit frisch gehackter Petersilie bestreuen und Zitronenscheiben belegen.

Pro Portion: 511 kcal, 60 g Kohlenh., 38 g Eiweiß, 12 g Fett

Pad Thai (Thailand)

mit Hähnchen oder Tofu

Zutaten:

- 250 g Reisnudeln (mittlere Breite)
- 2 EL Sonnenblumen- bzw. Pflanzenöl
- 400 g Hähnchenbrustfilet (in Streifen) oder 300 g Tofu (gewürfelt)
- 2 Eier
- 3 kleine Zwiebeln (in Ringe geschnitten)
- 1 Karotte (in feine Streifen geschnitten)
- 100 g Sojasprossen
- 6 EL Sojasoße (oder Maggi Würze)
- 2 EL Zitronensaft
- 1 EL Zucker

Schwierigkeitsgrad: **leicht**
Dauer: **ca. 30 Min.**
Zutaten für **4 Portionen**

Zubereitung:

Die Reisnudeln vorbereiten

1. Die Reisnudeln nach Packungsanleitung in heißem Wasser einweichen, bis sie weich sind (ca. 10–12 Minuten). Dann abgießen und beiseitestellen.

Hähnchen oder Tofu anbraten

1. In einer großen Pfanne oder einem Wok das Pflanzenöl erhitzen.
2. Das Hähnchenfleisch oder den Tofu darin goldbraun anbraten (ca. 5 Minuten). Herausnehmen und beiseitestellen.
3. In derselben Pfanne die Karottenstreifen und Zwiebeln anbraten (1–2 Min.)
4. Die Eier hineinschlagen, verrühren und stocken lassen, sodass kleine Rühreistücke entstehen.

Die Soße und Nudeln kombinieren

1. Die vorbereiteten Reisnudeln in die Pfanne geben.
2. Die Sojasoße, den Zitronensaft und den Zucker vermengen und über die Nudeln gießen.
3. Alles gut vermengen, bis die Soße gleichmäßig verteilt ist.

Hähnchen/Tofu hinzufügen

1. Das Hähnchenfleisch oder den Tofu wieder in die Pfanne geben und kurz erwärmen.
2. Die Sojasprossen unterheben und alles gut durchmischen.

Anrichten wie eine Königin

1. Das Pad Thai auf Teller verteilen. Und optional mit gehackten Erdnüssen, frischem Koriander und Limettenspalten garnieren.

Pro Portion: 625 kcal, 65 g Kohlenh., 44 g Eiweiß, 20 g Fett

vegan

Ratatouille (Frankreich)

Zutaten:

- 1 Zucchini
- 1 Aubergine
- Je 1 rote und gelbe Paprika (gewürfelt)
- 1 Zwiebel (gehackt)
- 2 Knoblauchzehen (gehackt)
- 400 g passierte Tomaten
- 3 EL Olivenöl
- 1 TL Thymian
- 1 TL Oregano
- Salz und Pfeffer nach Geschmack

Zubereitung:

Schwierigkeitsgrad: **mittel**
Dauer: **ca. 30 Min.**
Zutaten für **4 Portionen**

Gemüse vorbereiten

1. Die Zucchini und die Aubergine in dünne, gleichmäßige Scheiben schneiden.
2. Die Paprika würfeln und die Zwiebel sowie den Knoblauch klein hacken.

Die Tomatensoße zubereiten

1. 1 EL Olivenöl in einer großen Pfanne auf mittlerer Stufe erhitzen und die Zwiebel sowie den Knoblauch darin glasig anschwitzen.
2. Die passierten Tomaten hinzufügen und mit Salz, Pfeffer, Thymian und Oregano würzen.
3. Die Soße 5–10 Minuten köcheln lassen, bis sie leicht eingedickt ist.

Das Gemüse schichten

1. Eine Auflaufform oder runde Backform mit etwas Olivenöl einfetten.
2. Die Tomatensoße gleichmäßig in der Form verteilen.
3. Die Zucchini-, Auberginen- und Paprikascheiben abwechselnd kreisförmig oder schichtweise auf die Soße legen, bis die gesamte Form gefüllt ist.

Backen und genießen

1. Den Ofen auf 180 °C (Ober-/Unterhitze) vorheizen.
2. Das Ratatouille mit 2 EL Olivenöl beträufeln und mit etwas Salz und Pfeffer würzen.
3. Die Form mit Alufolie abdecken und im vorgeheizten Ofen ca. 30 Minuten backen.
4. Die Alufolie entfernen und das Ratatouille weitere 10–15 Minuten backen, bis das Gemüse weich und leicht gebräunt ist. Dazu passt frisches Baguette oder Reis .

Pro Portion: 186 kcal, 18 g Kohlenh., 4 g Eiweiß, 12 g Fett

Rinderrouladen

mit Rotkohl und Kartoffeln

Zutaten:

- 4 große Rinderrouladen (je ca. 150 g)
- 4 TL Senf (mittelscharf)
- 4 Scheiben Speck (dünn geschnitten)
- 2 Gewürzgurken (in Streifen geschnitten)
- 1 Zwiebel (in feine Streifen geschnitten)
- Salz und Pfeffer
- 2 EL Mehl (zum Bestäuben)
- 2 EL Butterschmalz oder Öl
- 500 ml Rinderbrühe
- 1 EL Tomatenmark
- 500 g Rotkohl (im Glas)
- 800 g Kartoffeln

Schwierigkeitsgrad: **mittel**
Dauer: **ca. 120 Min.**
Zutaten für **4 Portionen**

Zubereitung:

Die Rouladen zubereiten

1. Die Rinderrouladen flach auslegen und mit Salz und Pfeffer würzen.
2. Jede Roulade mit 1 TL Senf bestreichen, eine Scheibe Speck, ein paar Gurkenstreifen und Zwiebelstreifen darauflegen.
3. Die Ränder leicht einklappen und die Rouladen fest einrollen. Mit Küchengarn oder Zahnstochern fixieren.
4. Das Butterschmalz in einem großen Bräter oder Topf erhitzen.
5. Die Rouladen rundherum scharf anbraten, dann mit Mehl bestäuben und das Tomatenmark einrühren.
6. Die Rinderbrühe dazu gießen und die Rouladen bei mittlerer Hitze zugedeckt ca. 60–90 Minuten schmoren lassen, bis sie schön zart sind.

Den Rotkohl und die Kartoffeln kochen

1. In einem Topf den Rotkohl erhitzen und kurz zum kochen bringen.
2. Optional: Mit frischen Apfelstückchen und einem Stück Butter verfeinern.
3. Die Kartoffeln schälen und in Salzwasser ca. 20 Minuten kochen, bis sie weich sind.
4. Abgießen und warm halten.

Anrichten wie eine Königin

1. Die Rinderrouladen aus der Soße nehmen, die Soße nach Bedarf etwas einkochen oder mit Speisestärke binden.
2. Die Rouladen mit Soße, Rotkohl und den Kartoffeln auf Tellern anrichten.

Pro Portion: 674 kcal, 61 g Kohlenh., 43 g Eiweiß, 27 g Fett

Kasseler
mit Sauerkraut und Kartoffeln

Zutaten:

- 600 g Kasseler (in Scheiben)
- 2 EL Sonnenblumen- bzw. Pflanzenöl
- 1 Zwiebel (gehackt)
- 250 ml Wasser oder Brühe
- 500 g Sauerkraut
- 1 Zwiebel (gehackt)
- 1 Apfel (gerieben oder gewürfelt)
- 100 ml Apfelsaft oder Wasser
- 1 TL Zucker
- 3 EL Butter
- Salz und Pfeffer
- 800 g Kartoffeln (festkochend)

Schwierigkeitsgrad: **leicht**
Dauer: **ca. 30-40 Min.**
Zutaten für **4 Portionen**

Zubereitung:

Das Kasseler braten und schmoren

1. Das Öl in einer großen Pfanne erhitzen.
2. Die Zwiebel darin glasig anschwitzen.
3. Die Kasseler-Scheiben hinzufügen und von beiden Seiten ca. 2 Minuten anbraten.
4. Mit Wasser oder Brühe ablöschen, abdecken und bei niedriger Hitze ca. 15 Minuten schmoren lassen.

Das Sauerkraut zubereiten

1. Die 2 EL Butter in einem Topf erhitzen und die Zwiebel darin anschwitzen.
2. Das Sauerkraut hinzufügen und mit Apfelsaft oder Wasser aufgießen.
3. Den geriebenen Apfel und Zucker dazugeben.
4. Bei mittlerer Hitze ca. 20 Minuten köcheln lassen, gelegentlich umrühren.
5. Mit Salz und Pfeffer abschmecken.

Die Kartoffeln kochen

1. Die Kartoffeln schälen und in Salzwasser ca. 20 Minuten kochen, bis sie weich sind.
2. Abgießen, mit der restlichen Butter vermengen und warm halten.

Anrichten wie eine Königin

1. Die Kasseler-Scheiben auf Teller verteilen.
2. Mit einer großzügigen Portion Sauerkraut und Kartoffeln servieren.

Pro Portion: 584 kcal, 51 g Kohlenh., 39 g Eiweiß, 25 g Fett

Hühnerfrikassee

mit Reis

Zutaten:

- 500 g Hähnchenfleisch
- 1 Liter Hühnerbrühe
- 1 kleine Zwiebel (grob gewürfelt)
- 1 Karotte (in Scheiben geschnitten)
- 40 g Butter
- 40 g Mehl
- 250 ml Milch
- 2 EL Sahne
- 200 g Erbsen (TK oder frisch)
- 100 g Champignons (in Scheiben geschnitten)
- 1 TL Zitronensaft
- Salz und Pfeffer
- 250 g Reis

Schwierigkeitsgrad: **mittel**
Dauer: **ca. 45 Min.**
Zutaten für **4 Portionen**

Zubereitung:

Das Hähnchen kochen

1. Das Hähnchenfleisch in einem großen Topf mit der Hühnerbrühe, Zwiebel, Karotte, 1 TL Salz und 1 TL Pfeffer zum Kochen bringen.
2. Bei mittlerer Hitze ca. 30 Minuten köcheln lassen, bis das Fleisch gar ist.
3. Das Hähnchen aus der Brühe nehmen, kurz abkühlen lassen, dann in kleine Stücke zerpflücken. Die Brühe durch ein Sieb gießen und aufbewahren.

Die Soße zubereiten

1. Die Butter in einem Topf schmelzen und das Mehl einrühren.
2. Nach und nach 500 ml der Hühnerbrühe einrühren, bis eine glatte Soße entsteht.
3. Die Milch hinzufügen und unter Rühren aufkochen lassen, bis die Soße eindickt.
4. Die Erbsen und Champignons einrühren und ca. 5 Minuten köcheln lassen.
5. Das Hähnchenfleisch zurück in die Soße geben und mit Zitronensaft, Salz und Pfeffer abschmecken.

Den Reis kochen

1. Den Reis nach Packungsanleitung in Salzwasser kochen.
2. Abgießen und warm halten.

Anrichten wie eine Königin

1. Das Hühnerfrikassee mit einer großzügigen Portion Reis servieren.
2. Nach Belieben mit frisch gehackter Petersilie garnieren.

Pro Portion: 541 kcal, 41 g Kohlenh., 49 g Eiweiß, 18 g Fett

Hausmannskost

Matjes nach Hausfrauenart

mit Salzkartoffeln

Zutaten:

- 4 Matjesfilets (ca. 400 g)
- 1 Zwiebel (fein gewürfelt)
- 1 Apfel
- 2 Gewürzgurken (fein gewürfelt)
- 200 g Schmand
- 200 g Joghurt (natur)
- 1 TL Senf (mittelscharf)
- 1 TL Zitronensaft
- 1 Prise Zucker
- Salz und Pfeffer
- 800 g Kartoffeln (festkochend)

Schwierigkeitsgrad: **leicht**
Dauer: **ca. 30 Min.**
Zutaten für **4 Portionen**

Zubereitung:

Die Hausfrauensoße zubereiten

1. Die Matjesfilets unter kaltem Wasser abspülen und trocken tupfen.
2. Die Zwiebel, den Apfel und die Gewürzgurken fein würfeln.
3. In einer Schüssel den Schmand, den Joghurt, den Senf und den Zitronensaft verrühren.
4. Die gewürfelten Zutaten hinzufügen und mit einer Prise Zucker, Salz und Pfeffer abschmecken.
5. Die Matjesfilets in die Soße legen und mindestens 30 Minuten im Kühlschrank durchziehen lassen.

Die Salzkartoffeln kochen

1. Die Kartoffeln schälen und in einem großen Topf mit gesalzenem Wasser ca. 20 Minuten kochen, bis sie weich sind.
2. Das Wasser abgießen und die Kartoffeln etwas ausdampfen lassen.

Anrichten wie eine Königin

1. Die Matjesfilets mit etwas von der Hausfrauensoße auf Tellern anrichten.
2. Die Salzkartoffeln dazugeben und nach Belieben mit etwas Butter servieren.

Tipp aus der Schlossküche

Falls ihr den Matjes noch milder möchtet, könnt ihr ihn für ca. 30 Minuten in Milch einlegen, bevor ihr ihn mit der Soße kombiniert.

Pro Portion: 625 kcal, 47 g Kohlenh., 25 g Eiweiß, 37 g Fett

Hausmannskost

Senfeier mit Kartoffeln

vegetarisch

Zutaten:

- 40 g Butter
- 40 g Mehl
- 500 ml Milch
- 250 ml Gemüsebrühe
- 2 EL mittelscharfer Senf
- 1 TL Zucker
- 1 Prise Muskatnuss (optional)
- Salz und Pfeffer
- 8 Eier
- 800 g Kartoffeln (festkochend)

Schwierigkeitsgrad: **leicht**
Dauer: **ca. 30 Min.**
Zutaten für **4 Portionen**

Zubereitung:

Die Kartoffeln kochen

1. Die Kartoffeln schälen und in Salzwasser ca. 20 Minuten kochen, bis sie weich sind.
2. Abgießen und warm halten.

Die Eier hart kochen

1. Einen Topf mit Wasser zum Kochen bringen und die Eier für ca. 8–10 Minuten hart kochen.
2. Die Eier unter kaltem Wasser abschrecken, schälen und halbieren.

Die Senfsoße zubereiten

1. Die Butter in einem Topf schmelzen, das Mehl einrühren und so eine helle Mehlschwitze herstellen.
2. Nach und nach die Milch und die Brühe unter Rühren hinzufügen, bis eine glatte Soße entsteht.
3. Den Senf einrühren und mit Zucker, Muskatnuss, Salz und Pfeffer abschmecken.
4. Die Soße kurz köcheln lassen, bis sie schön cremig ist.

Anrichten wie eine Königin

1. Die Kartoffeln mit einer Portion Senfsoße auf Tellern anrichten.
2. Die gekochten Eier daraufsetzen.

Tipp aus der Schlossküche

Für eine besonders feine Variante könnt ihr ein Eigelb mit etwas Sahne verquirlen und unter die warme, aber nicht kochende Soße rühren.

Pro Portion: 526 kcal, 50 g Kohlenh., 24 g Eiweiß, 25 g Fett

vegan

Penne Arrabbiata

Zutaten:

- 400 g Penne (oder andere Nudeln)
- 2 EL Sonnenblumen- bzw. Pflanzenöl
- 3 Knoblauchzehen (gehackt)
- 800 g passierte Tomaten
- 1 TL Zucker
- Salz und Pfeffer

Royal Optional:

- 50 g Käse (am besten Parmesan, gerieben)
- Frisches Basilikum (zum Garnieren)
- 1–2 TL Chiliflocken (je nach gewünschter Schärfe)

Schwierigkeitsgrad: **leicht**
Dauer: **ca. 20 Min.**
Zutaten für **4 Portionen**

Zubereitung:

Die Penne kochen

1. Einen großen Topf mit Salzwasser zum Kochen bringen.
2. Die Penne nach Packungsanleitung al dente kochen. Etwa 150 ml vom Kochwasser aufheben, bevor die Pasta abgegossen wird.

Die Soße zubereiten

1. Das Öl in einer großen Pfanne bei mittlerer Hitze erhitzen.
2. Den gehackten Knoblauch und die Chiliflocken hinzufügen und kurz anschwitzen, bis der Knoblauch duftet (nicht bräunen lassen!).
3. Die passierten Tomaten hinzufügen, mit Zucker, Salz und Pfeffer würzen und die Soße 10–15 Minuten köcheln lassen, bis sie leicht eindickt.

Pasta und Soße kombinieren

1. Die abgetropfte Penne in die Pfanne mit der Soße geben und gut vermengen, sodass die Pasta vollständig von der Soße umhüllt ist.
2. Falls die Soße zu dick ist, etwas von dem aufgehobenen Kochwasser hinzufügen, um sie geschmeidiger zu machen.

Anrichten wie eine Königin

1. Die Penne Arrabbiata auf Teller verteilen. Mit frisch geriebenem Parmesan und (falls gewünscht) Basilikum garnieren.

Tipp aus der Schlossküche

Für einen besonders intensiven Geschmack könnt ihr die Chiliflocken durch frische rote Chilis ersetzen.

Pro Portion: 526 kcal, 83 g Kohlenh., 19 g Eiweiß, 13 g Fett

Spaghetti alla Carbonara

Zutaten:

- 400 g Spaghetti (oder andere Nudeln)
- 150 g Pancetta (oder geräucherter Schinken)
- 2 EL Sonnenblumenöl
- 3 Eier (2 ganze Eier + 1 Eigelb)
- 100 g Käse (gerieben, am besten Parmesan)
- Salz und Pfeffer

Schwierigkeitsgrad: **mittel**
Dauer: **ca. 30 Min.**
Zutaten für **4 Portionen**

Zubereitung:

Die Spaghetti kochen

1. Einen großen Topf mit Salzwasser zum Kochen bringen.
2. Die Spaghetti nach Packungsanleitung al dente kochen. Hebt etwa 200 ml vom Kochwasser auf, bevor ihr die Nudeln abgießt.

Den Pancetta anbraten

1. In einer großen Pfanne das Öl erhitzen.
2. Den Pancetta bzw. Schinken bei mittlerer Hitze anbraten, bis er knusprig ist. Anschließend die Pfanne vom Herd nehmen.

Die Ei-Käse-Mischung vorbereiten

1. In einer Schüssel die 2 ganzen Eier und 1 Eigelb verquirlen.
2. Käse hinzufügen und gut vermengen.
3. Großzügig mit Pfeffer würzen.

Die Carbonara zusammenfügen

1. Die heißen, abgetropften Spaghetti in die Pfanne mit dem Pancetta bzw. Schinken geben und gut vermengen.
2. Die Ei-Käse-Mischung dazugeben und sofort gründlich umrühren. Die Restwärme der Nudeln sorgt dafür, dass die Mischung cremig wird, ohne zu stocken. Falls nötig, etwas Kochwasser hinzufügen, um die Soße geschmeidig zu machen.

Anrichten wie eine Königin

1. Die Carbonara sofort auf Teller verteilen.
2. Mit zusätzlichem Parmesan und Pfeffer garnieren.

Pro Portion: 780 kcal, 73 g Kohlenh., 39 g Eiweiß, 35 g Fett

vegetarisch

Fettuccine Alfredo

Zutaten:

- 400 g Fettuccine (oder andere Nudeln)
- 100 g Butter
- 250 ml Sahne
- 100 g Käse
  (gerieben, am besten Parmesan)
- Salz und Pfeffer

Royal Optional:

- 50 g Parmesan (zum Garnieren)
- 1 Prise Muskatnuss
- Frisch gehackte Petersilie

Schwierigkeitsgrad: **leicht**
Dauer: **ca. 20 Min.**
Zutaten für **4 Portionen**

Zubereitung:

Die Fettuccine kochen

1. Einen großen Topf mit Salzwasser zum Kochen bringen.
2. Die Fettuccine nach Packungsanleitung al dente kochen.
3. Etwa 150 ml vom Kochwasser aufheben, bevor die Pasta abgegossen wird.

Die Alfredo-Soße zubereiten

1. In einer großen Pfanne die Butter bei niedriger bis mittlerer Hitze schmelzen.
2. Die Sahne zugeben und verrühren, bis die Mischung leicht eindickt (ca. 3–4 Min.)
3. Den Käse einrühren, bis er ganz geschmolzen ist und eine cremige Soße entsteht.
4. Mit Salz, Pfeffer und optional einer Prise Muskatnuss abschmecken.

Die Fettuccine mit der Soße vermengen

1. Die gekochten Fettuccine in die Pfanne mit der Alfredo-Soße geben und gut vermengen, sodass die Nudeln gleichmäßig von der Soße umhüllt sind.
2. Falls die Soße zu dick wird, etwas von dem aufgehobenen Kochwasser hinzufügen, um sie geschmeidig zu machen.

Anrichten wie eine Königin

1. Mit zusätzlichem Parmesan und Petersilie bestreuen.

Tipp aus der Schlossküche

Für eine aromatische Variante könnt ihr der Soße gerösteten Knoblauch hinzufügen.

Pro Portion: 758 kcal, 75 g Kohlenh., 23 g Eiweiß, 40 g Fett

Orecchiette
mit Brokkoli und Sardellen

Zutaten:

- 400 g Orecchiette (oder andere kleine Nudeln)
- 300 g Brokkoli (in kleine Röschen zerteilt)
- 2 EL Sonnenblumenöl
- 5 Sardellenfilets (gehackt)
- 2 Knoblauchzehen (gehackt)
- 1 Prise Chiliflocken (optional)
- 50 g Parmesan bzw. Käse (gerieben)
- Salz und Pfeffer

Schwierigkeitsgrad: **leicht**
Dauer: **ca. 25 Min.**
Zutaten für **4 Portionen**

Zubereitung:

Die Pasta und den Brokkoli kochen

1. Einen großen Topf mit Salzwasser zum Kochen bringen.
2. Die Orecchiette nach Packungsanleitung al dente kochen.
3. 5 Minuten vor Ende der Kochzeit den Brokkoli ins kochende Wasser geben und mit der Pasta mitkochen.
4. Etwa 150 ml vom Kochwasser aufheben, bevor die Pasta und der Brokkoli abgegossen werden.

Die Soße zubereiten

1. Das Öl in einer großen Pfanne erhitzen und die gehackten Sardellenfilets bei mittlerer Hitze darin schmelzen lassen.
2. Den Knoblauch hinzufügen und kurz anschwitzen, bis er duftet (nicht bräunen lassen!).
3. Nach Belieben die Chiliflocken hinzufügen, um dem Gericht eine leichte Schärfe zu verleihen.

Pasta und Soße vermengen

1. Die abgegossenen Orecchiette und den Brokkoli in die Pfanne geben und gut mit der Sardellen-Knoblauch-Soße vermengen.
2. Etwas vom aufbewahrten Kochwasser hinzufügen, um die Soße geschmeidiger zu machen.

Anrichten wie eine Königin

1. Die Pasta auf Teller verteilen und mit geriebenem Parmesan bestreuen.
2. Mit frisch gemahlenem Pfeffer abschmecken und sofort servieren.

Pro Portion: 513 kcal, 78 g Kohlenh., 20 g Eiweiß, 13 g Fett

vegetarisch

Cremige One-Pot-Pasta

mit Spinat & Pilzen

Zutaten:

- 300 g Pasta (z. B. Penne oder Fusilli)
- 2 EL Sonnenblumen- bzw. Pflanzenöl
- 1 Zwiebel (gehackt)
- 2 Knoblauchzehen (gehackt)
- 200 g Champignons (in Scheiben geschnitten)
- 100 g frischer Spinat
- 400 ml Gemüsebrühe
- 200 ml Sahne
- 100 g Käse (gerieben)
- Salz und Pfeffer nach Geschmack

Schwierigkeitsgrad: **leicht**
Dauer: **ca. 20 Min.**
Zutaten für **4 Portionen**

Zubereitung:

Die Basis anbraten

1. Das Öl in einer großen, tiefen Pfanne erhitzen.
2. Die gehackte Zwiebel und den Knoblauch darin glasig anschwitzen.
3. Die Champignons hinzufügen und bei mittlerer Hitze 4–5 Minuten anbraten, bis sie leicht gebräunt sind.

Die Pasta und Flüssigkeit hinzufügen

1. Die ungekochte Pasta in die Pfanne geben und mit Gemüsebrühe & Sahne auffüllen.
2. Mit Salz, Pfeffer und Paprikapulver würzen. Alles gut umrühren.
3. Die Pasta bei mittlerer Hitze köcheln lassen und gelegentlich umrühren, damit nichts ansetzt.
4. Nach ca. 10 Minuten, wenn die Pasta fast gar ist, den frischen Spinat unterheben.

Verfeinern und servieren

1. Sobald die Pasta al dente ist, den geriebenen Parmesan einrühren, bis die Soße schön cremig wird.
2. Nach Belieben abschmecken und mit frischem Basilikum garnieren.
1. Die cremige One-Pot-Pasta auf Teller verteilen und sofort servieren.

Tipp aus der Schlossküche

Statt Sahne könnt ihr Frischkäse verwenden. Und für einen extra Kick: Mit etwas frisch gemahlenem Pfeffer oder einer Prise Chili servieren.

Pro Portion: 558 kcal, 63 g Kohlenh., 21 g Eiweiß, 24 g Fett

Rinderstreifen mit Paprika

in Teriyaki-Soße

Zutaten:

- 400 g Rinderhüfte (in Streifen geschnitten)
- 2 EL Sonnenblumen- bzw. Pflanzenöl
- 2 Paprika (in Streifen geschnitten)
- 1 Zwiebel (in Streifen geschnitten)
- 2 Knoblauchzehen (gehackt)
- 2 kleine Zwiebeln (in Ringe geschnitten)
- 4 EL Sojasoße (oder Maggi Würze)
- 2 EL Honig
- 1 EL (Apfel-)Essig
- 1 TL geriebener Ingwer
- 1 TL Speisestärke (in 2 EL Wasser gelöst)
- 200 g Basmatireis (nach Packungsanleitung zubereitet)

Schwierigkeitsgrad: **leicht**
Dauer: **ca. 20 Min.**
Zutaten für **4 Portionen**

Zubereitung:

Das Fleisch vorbereiten

1. Die Rinderstreifen mit Salz und Pfeffer würzen.
2. 1 EL Pflanzenöl in einer großen Pfanne oder einem Wok erhitzen und das Fleisch bei hoher Hitze kurz und scharf anbraten, bis es leicht braun ist (ca. 2–3 Minuten).
3. Das Fleisch herausnehmen und beiseitestellen.

Das Gemüse anbraten

1. Den restlichen EL Pflanzenöl in die Pfanne geben.
2. Die Zwiebel, Knoblauch und Paprikastreifen hinzufügen und für 3–4 Minuten anbraten, bis das Gemüse leicht weich, aber noch knackig ist.

Die Teriyaki-Soße zubereiten

1. In einer kleinen Schüssel Sojasoße, Honig, Essig und geriebenen Ingwer mischen.
2. Die Soße in die Pfanne geben und gut umrühren.
3. Die Speisestärke in Wasser lösen und zur Soße geben, damit sie leicht eindickt.

Das Fleisch zurück in die Pfanne geben

1. Die angebratenen Rinderstreifen zurück in die Pfanne geben und kurz in der Soße schwenken, bis sie vollständig erhitzt sind und mit der Glasur überzogen sind.

Anrichten wie eine Königin

1. Den Basmatireis auf Teller verteilen und das Teriyaki-Rindfleisch samt Gemüse darauf anrichten.
2. Mit den Zwiebeln und nach Wunsch geröstetem Sesam garnieren.

Pro Portion: 573 kcal, 56 g Kohlenh., 32 g Eiweiß, 25 g Fett

Hähnchenbrust

in Honig-Senf-Soße

Zutaten:

- 4 Hähnchenbrustfilets (je ca. 150 g)
- 2 EL Sonnenblumen- bzw. Pflanzenöl
- Salz und Pfeffer nach Geschmack
- 1 TL Paprikapulver (edelsüß)
- 2 EL Senf
- 2 EL Honig
- 100 ml Hühnerbrühe
- 100 ml Sahne
- 200 g Reis oder 500 g Kartoffeln (je nach Vorliebe)
- 1 TL Speisestärke (optional)

Schwierigkeitsgrad: **leicht**
Dauer: **ca. 20 Min.**
Zutaten für **4 Portionen**

Zubereitung:

Das Hähnchen anbraten

1. Die Hähnchenbrustfilets mit Salz, Pfeffer und Paprikapulver würzen.
2. Das Pflanzenöl in einer großen Pfanne erhitzen und das Hähnchen von beiden Seiten bei mittlerer Hitze jeweils 5–6 Minuten braten, bis es goldbraun ist.
3. Das Fleisch herausnehmen und kurz beiseitestellen.

Die Soße zubereiten

1. In derselben Pfanne den Senf, Honig, Hühnerbrühe und Sahne vermengen.
2. Die Mischung aufkochen und ca. 2 Minuten köcheln lassen.
3. Falls die Soße dicker werden soll, die Speisestärke in 2 EL Wasser lösen und einrühren.

Das Hähnchen zurück in die Pfanne geben

1. Die Hähnchenbrustfilets zurück in die Soße legen und weitere 5 Minuten bei niedriger Hitze ziehen lassen.
2. Gelegentlich mit Soße übergießen, damit das Fleisch schön saftig bleibt.

Anrichten wie eine Königin

1. Das Hähnchen mit der Soße auf Tellern anrichten.
2. Dazu Reis oder Kartoffeln mit Gemüse servieren.

Tipp aus der Schlossküche

Falls ihr eine extra würzige Variante wollt, könnt ihr einen Spritzer Zitronensaft oder eine Prise Cayennepfeffer zur Soße geben.

Pro Portion: 584 kcal, 50 g Kohlenh., 52 g Eiweiß, 18 g Fett

Lachsfilet
mit Zitronenbutter & Gemüse

Zutaten:

- 4 Lachsfilets (je ca. 150 g)
- 2 EL Sonnenblumen- bzw. Pflanzenöl
- Salz und Pfeffer nach Geschmack
- 1 TL Paprikapulver (edelsüß)
- 200 g Zucchini (in Scheiben geschnitten)
- 200 g Kirschtomaten (halbiert)
- 1 rote Zwiebel (in Streifen geschnitten)
- 50 g Butter
- 1 Zitrone (Saft)
- 1 TL Honig
- 1 Knoblauchzehe (gehackt)
- 1 EL Petersilie (gehackt, optional)
- 200 g Basmatireis oder 500 g Kartoffeln

Schwierigkeitsgrad: **mittel**
Dauer: **ca. 20 Min.**
Zutaten für **4 Portionen**

Zubereitung:

Den Lachs vorbereiten

1. Die Lachsfilets kalt abwaschen und mit Küchenpapier trocken tupfen. Dann mit Salz, Pfeffer und Paprikapulver würzen.
2. 1 EL Öl in einer großen Pfanne erhitzen und den Lachs von jeder Seite ca. 3–4 Minuten anbraten, bis er goldbraun ist. Herausnehmen und warm halten.

Das Gemüse anbraten

1. Den restlichen EL Öl in die Pfanne geben und die Zucchini, Kirschtomaten und rote Zwiebel darin ca. 5 Minuten anbraten, bis sie leicht weich, aber noch bissfest sind.
2. Mit Salz und Pfeffer würzen.

Die Zitronenbutter zubereiten

1. In derselben Pfanne die Butter schmelzen & den gehackten Knoblauch hinzufügen.
2. Den Zitronensaft sowie den Honig einrühren und kurz aufkochen lassen.
3. Die Zitronenbutter nach Belieben mit Petersilie verfeinern.

Anrichten wie eine Königin

1. Den Lachs zurück in die Pfanne legen und mit der Zitronenbutter überziehen.
2. Den Lachs mit dem Gemüse und der Beilage (Reis oder Kartoffeln) auf Tellern anrichten.

Pro Portion: 686 kcal, 49 g Kohlenh., 35 g Eiweiß, 38 g Fett

vegetarisch

Nudelauflauf mit Tomatensoße & Mozzarella

Zutaten:

- 300 g Nudeln (z. B. Penne oder Fusilli)
- 1 EL Olivenöl
- 1 Zwiebel (gehackt)
- 2 Knoblauchzehen (gehackt)
- 400 g gehackte Tomaten (Dose)
- 2 EL Tomatenmark
- Salz und Pfeffer nach Geschmack
- 100 ml Sahne
- 150 g Mozzarella

Royal Optional:

- 1 TL Oregano
- 1 TL Basilikum
- 1 TL Honig oder Zucker
- 50 g Parmesan (gerieben)

Schwierigkeitsgrad: **mittel**
Dauer: **ca. 40 Min.**
Zutaten für **4 Portionen**

Zubereitung:

Die Nudeln kochen

1. Die Nudeln in Salzwasser 1 Minute kürzer als nach Packungsanleitung kochen.
2. Abgießen und beiseitestellen.

Die Tomatensoße zubereiten

1. Das Olivenöl in einer Pfanne erhitzen (nicht zu stark!) und die Zwiebel sowie den Knoblauch darin glasig anschwitzen.
2. Das Tomatenmark hinzufügen & kurz anrösten, dann die Dose Tomaten einrühren.
3. Mit ggf. Oregano, Basilikum, Salz, Pfeffer und optional Honig würzen.
4. Die Soße 5–10 Minuten leicht köcheln lassen, dann die Sahne unterrühren.

Alles in die Auflaufform geben

1. Die gekochten Nudeln mit der Tomatensoße vermengen und in eine gefettete Auflaufform geben.
2. Den Mozzarella und optional Parmesan gleichmäßig darüber verteilen.

Den Auflauf backen

1. Den Ofen auf 180 °C (Ober-/Unterhitze) vorheizen.
2. Den Auflauf ca. 20 Minuten backen, bis der Käse goldbraun geschmolzen ist.

Anrichten wie eine Königin

1. Den Auflauf kurz abkühlen lassen und dann servieren.
2. Nach Wunsch mit frischem Basilikum oder extra Parmesan bestreuen.

Pro Portion: 553 kcal, 67 g Kohlenh., 26 g Eiweiß, 27 g Fett

vegetarisch

Kartoffelgratin

mit Käsekruste

Zutaten:

- 800 g Kartoffeln (festkochend)
- 1 Knoblauchzehe (halbiert)
- 200 ml Sahne
- 100 ml Milch
- 1 TL Salz
- ½ TL Pfeffer
- 100 g geriebener Käse (z.B. Gouda)
- 1 EL Butter (zum Einfetten der Form)

Royal Optional:

- ½ TL Muskatnuss
- 50 g Parmesan (gerieben)

Schwierigkeitsgrad: **mittel**
Dauer: **ca. 60 Min.**
Zutaten für **4 Portionen**

Zubereitung:

Die Kartoffeln vorbereiten

1. Die Kartoffeln schälen und in dünne Scheiben (ca. 2–3 mm) schneiden.
2. Eine Auflaufform mit der halbierten Knoblauchzehe ausreiben und anschließend mit Butter einfetten.

Die Sahnemischung zubereiten

1. Die Sahne und Milch in einem kleinen Topf erwärmen (nicht kochen).
2. Salz, Pfeffer und optional Muskatnuss einrühren.

Das Gratin schichten und backen

1. Die Kartoffelscheiben gleichmäßig in die vorbereitete Auflaufform schichten.
2. Die warme Sahnemischung darüber gießen, sodass alle Kartoffeln leicht bedeckt sind.
3. Mit dem Käse und ggf. dem Parmesan bestreuen.
4. Im vorgeheizten Backofen bei 180 °C (Ober-/Unterhitze) ca. 40–45 Minuten backen, bis das Gratin goldbraun und die Kartoffeln weich sind.
5. Das Gratin kurz abkühlen lassen, damit es sich besser schneiden lässt.
6. Guten Appetit!

Tipp aus der Schlossküche

Falls ihr es extra knusprig mögt, könnt ihr noch ein paar Semmelbrösel über den Käse streuen – so wird die Kruste noch crunchiger!

Pro Portion: 432 kcal, 39 g Kohlenh., 17 g Eiweiß, 23 g Fett

Hähnchen vom Blech

mit Gemüse

Zutaten:

- 4 Hähnchenbrustfilets
- 4 EL Olivenöl
- 1 TL Paprikapulver (edelsüß)
- Salz und Pfeffer nach Geschmack
- ½ TL Knoblauchpulver
- ½ TL Thymian oder Rosmarin
- Saft einer halben Zitrone
- 500 g Kartoffeln (festkochend, in Spalten geschnitten)
- 1 rote Paprika (in Streifen geschnitten)
- 1 Zucchini (in Scheiben geschnitten)
- 1 rote Zwiebel (in Spalten geschnitten)
- 1 Karotte (in dünne Scheiben geschnitten)

Schwierigkeitsgrad: **leicht**
Dauer: **ca. 60 Min.**
Zutaten für **4 Portionen**

Zubereitung:

Das Hähnchen vorbereiten

1. Das Hähnchen mit Küchenpapier trocken tupfen.
2. In einer Schüssel Olivenöl, Zitronensaft, Paprikapulver, Knoblauchpulver, Thymian bzw. Rosmarin, Salz und Pfeffer vermengen.
3. Das Hähnchen mit der Marinade einreiben und ca. 10 Minuten ziehen lassen.

Das Gemüse vorbereiten

1. Das geschnittene Gemüse in eine große Schüssel geben.
2. Mit Olivenöl, Salz und Pfeffer vermengen.

Alles auf dem Blech verteilen

1. Ein Backblech mit Backpapier auslegen.
2. Das Gemüse gleichmäßig auf dem Blech verteilen.
3. Die Hähnchenbrustfilets (probiert es auch mal mit Schenkeln) darauflegen.

Backen wie eine Königin

1. Den Ofen auf 180 °C (Ober-/Unterhitze) vorheizen.
2. Das Blech in den Ofen schieben und das Gericht ca. 40–45 Minuten backen.
3. (Falls ihr euer Hähnchen extra knusprig mögt, könnt ihr in den letzten 5 Minuten den Grillmodus einschalten.)

Servieren & genießen

1. Das Blech aus dem Ofen nehmen und das Hähnchen zusammen mit dem Gemüse auf Teller verteilen.

Pro Portion: 637 kcal, 31 g Kohlenh., 40 g Eiweiß, 38 g Fett

Gefüllte Paprika

aus dem Ofen

Zutaten:

- 4 große Paprika (rot, gelb oder grün)
- 300 g Hackfleisch (Rind oder Schwein)
- 100 g Reis
- 1 Zwiebel (gehackt)
- 2 Knoblauchzehen (gehackt)
- 2 EL Sonnenblumen- bzw. Pflanzenöl
- 2 TL Paprikapulver (edelsüß)
- 1 Dose gehackte Tomaten (400 g)
- ½ TL Zucker oder Honig
- 1 EL Tomatenmark
- 100 ml Wasser oder Gemüsebrühe
- Salz und Pfeffer nach Geschmack

Schwierigkeitsgrad: **leicht**
Dauer: **ca. 50 - 60 Min.**
Zutaten für **4 Portionen**

Zubereitung:

Den Reis vorkochen

1. Den Reis nach Packungsanleitung in Salzwasser kochen, bis er bissfest ist.
2. Abgießen und beiseitestellen.

Die Füllung zubereiten

1. Öl in der Pfanne erhitzen und die gehackte Zwiebel und den Knoblauch anschwitzen.
2. Das Hackfleisch hinzufügen und krümelig braten.
3. Mit Paprikapulver, Salz und Pfeffer würzen.
4. Den gekochten Reis unterheben und alles gut vermengen.

Die Paprika vorbereiten & füllen

1. Die Paprikaschoten waschen, den oberen Teil abschneiden & die Kerne entfernen.
2. Die vorbereitete Hackfleisch-Reis-Mischung in die Paprika füllen und in eine Auflaufform setzen.
3. Die gehackten Tomaten mit Zucker, Tomatenmark, Wasser oder Gemüsebrühe vermengen.
4. Mit Salz und Pfeffer abschmecken.
5. Die Soße in die Auflaufform um die Paprika gießen.

Backen und servieren

1. Den Ofen auf 180 °C (Ober-/Unterhitze) vorheizen.
2. Die gefüllten Paprika optional mit etwas Käse bestreuen und ca. 30–35 Minuten backen, bis sie weich sind.
3. Mit der Tomatensoße aus der Form servieren.

Pro Portion: 456 kcal, 39 g Kohlenh., 24 g Eiweiß, 23 g Fett

vegetarisch

Ofenfrittata

mit Gemüse und Käse

Zutaten:

- 6 Eier
- 100 ml Milch
- 100 g geriebener Käse (z. B. Gouda)
- 1 Zucchini (in Scheiben geschnitten)
- 1 Paprika (in kleine Würfel geschnitten)
- 100 g Kirschtomaten (halbiert)
- 1 Zwiebel (fein gehackt)
- 2 EL Sonnenblumen- bzw. Pflanzenöl
- Salz und Pfeffer nach Geschmack
- ½ TL Paprikapulver (edelsüß)

Royal Optional:

- ½ TL Oregano oder Thymian
- Frische Petersilie oder Basilikum

Schwierigkeitsgrad: **mittel**
Dauer: **ca. 30 - 40 Min.**
Zutaten für **4 Portionen**

Zubereitung:

Das Gemüse vorbereiten

1. Das Öl in einer großen ofenfesten Pfanne erhitzen.
2. Die Zwiebel darin glasig anschwitzen.
3. Zucchini und Paprika hinzufügen, ca. 5 Min. braten, bis das Gemüse leicht weich ist.
4. Die Kirschtomaten untermischen und kurz mitbraten.

Die Eimasse zubereiten

1. In einer Schüssel die Eier mit der Milch verquirlen.
2. Geriebenen Käse, Salz, Pfeffer, Paprikapulver und ggf. Oregano hinzufügen und gut vermischen.

Die Frittata backen

1. Die Eimasse über das Gemüse in der Pfanne gießen und bei mittlerer Hitze 2–3 Minuten anziehen lassen, bis die Ränder leicht stocken.
2. Die Pfanne in den vorgeheizten Ofen stellen und die Frittata bei 180 °C (Ober-/Unterhitze) ca. 10–15 Minuten backen, bis die Oberfläche goldgelb ist.

! Nutze eine Pfanne, die komplett aus Metall und für den Ofen geeignet ist.

Servieren wie eine Königin

1. Die Frittata aus dem Ofen nehmen (Nutze einen Backhandschuh!) und optional mit gehackter Petersilie oder Basilikum bestreuen.

Pro Portion: 315 kcal, 10 g Kohlenh., 20 g Eiweiß, 22 g Fett

Tacos mit Hackfleisch

Zutaten:

- 500 g Hackfleisch (Rind oder gemischt)
- 2 EL Sonnenblumen- bzw. Pflanzenöl
- 1 Zwiebel (fein gehackt)
- 2 Knoblauchzehen (gehackt)
- 1 TL Paprikapulver (edelsüß)
- 2 EL Tomatenmark
- 200 g gehackte Tomaten (aus der Dose)
- Salz und Pfeffer nach Geschmack
- 8 Taco-Schalen
- 1 kleiner Kopfsalat (geschnitten)
- 2 Tomaten (gewürfelt)
- 100 g geriebener Käse (z. B. Cheddar)
- 100 g Sauerrahm oder Crème fraîche

Schwierigkeitsgrad: **mittel**
Dauer: **ca. 30 Min.**
Zutaten für **8 Tacos**

Zubereitung:

Die Hackfleischfüllung zubereiten

1. Das Öl in einer großen Pfanne erhitzen.
2. Die Zwiebel und den Knoblauch darin glasig anschwitzen.
3. Das Hackfleisch hinzufügen und krümelig anbraten, bis es leicht braun wird.
4. Paprikapulver einrühren und kurz mitrösten, damit die Aromen sich entfalten.
5. Das Tomatenmark hinzufügen, gut verrühren & die gehackten Tomaten dazugeben.
6. Mit Salz und Pfeffer abschmecken und die Füllung bei niedriger Hitze 10 Minuten köcheln lassen, bis sie leicht eingedickt ist.

Die Tacoschalen vorbereiten

1. Falls ihr harte Tacoschalen verwendet, diese nach Packungsanleitung kurz im Ofen erwärmen, damit sie schön knusprig sind.
2. Weiche Tortillas können kurz in einer heißen Pfanne ohne Öl erhitzt werden.
1. Die Tacoschalen oder Tortillas mit der Hackfleischfüllung befüllen.
2. Nach Wunsch mit Salat, Tomatenwürfeln, geriebenem Käse und Sauerrahm belegen.

Servieren wie eine Königin

1. Die Tacos sofort servieren, damit die Toppings frisch & die Schalen knusprig bleiben.
2. Dazu passen perfekt Guacamole oder eine Salsa nach Wahl (siehe Seite 135 ff.).

Für Abwechslung könnt ihr das Hackfleisch durch gebratenes Hähnchen oder Bohnen ersetzen – ¡que rico!

Pro Taco: 397 kcal, 20 g Kohlenh., 18 g Eiweiß, 23 g Fett

Fisch & Chips

Zutaten:

Für den Fisch:
- 500 g Kabeljaufilet (oder ein anderer weißer Fisch, z. B. Seelachs)
- 150 g Mehl
- 1 TL Backpulver
- 200 ml kaltes Sprudelwasser
- Salz und Pfeffer nach Geschmack
- Pflanzenöl (zum Frittieren)

Für die Chips (Pommes):
- 800 g Kartoffeln
- 2 EL Sonnenblumen- bzw. Pflanzenöl
- Salz nach Geschmack

Schwierigkeitsgrad: **mittel**
Dauer: **ca. 40 Min.**
Zutaten für **4 Portionen**

Zubereitung:

Die Chips zubereiten

1. Die Kartoffeln schälen (optional) und in dicke Streifen schneiden.
2. Die Streifen in kaltes Wasser legen und 10 Minuten stehen lassen, um überschüssige Stärke zu entfernen.
3. Die Kartoffeln abtropfen lassen und mit einem sauberen Küchentuch trocken tupfen.
4. Den Ofen auf 200 °C (Ober-/Unterhitze) vorheizen.
5. Die Kartoffelstreifen auf ein mit Backpapier ausgelegtes Blech legen, mit Pflanzenöl beträufeln und gut vermengen.
6. Die Kartoffeln gleichmäßig auf dem Blech verteilen und ca. 30–35 Minuten backen, dabei nach der Hälfte der Zeit wenden, bis sie goldbraun und knusprig sind.

Den Fisch zubereiten

1. Die Fischfilets in Portionsstücke schneiden und mit Salz und Pfeffer würzen.
2. In einer Schüssel Mehl und Backpulver vermengen. Nach und nach das kalte Sprudelwasser hinzufügen, bis ein glatter, dickflüssiger Teig entsteht.
3. Die Fischstücke leicht in Mehl wenden und dann durch den Teig ziehen, sodass sie rundum bedeckt sind.
4. Eine große Pfanne, einen großen Topf oder eine Fritteuse mit Pflanzenöl erhitzen (auf etwa 180 °C).
5. Die Fischstücke portionsweise im heißen Öl goldbraun frittieren (ca. 4–5 Min-).
6. Auf Küchenpapier abtropfen lassen, um überschüssiges Fett zu entfernen. Dann die Chips und den knusprigen Fisch auf Teller verteilen.

Pro Portion: 574 kcal, 64 g Kohlenh., 30 g Eiweiß, 21 g Fett

Gyros Pita

Zutaten:

- 500 g Schweinefleisch (z. B. Nacken in dünne Streifen geschnitten)
- Sonnenblumen- bzw. Pflanzenöl
- 1 TL Paprikapulver (edelsüß)
- Salz und Pfeffer nach Geschmack
- 4 Pita-Brote
- 1 rote Zwiebel (in feine Ringe geschnitten)
- 2 Tomaten (in Scheiben geschnitten)
- 1/2 Kopfsalat (in Streifen geschnitten)
- 200 ml Tzatziki

Royal Optional:

- Feta (zerbröselt)
- Saft einer halben Zitrone
- 1 Knoblauchzehe (gehackt)

Schwierigkeitsgrad: **leicht**
Dauer: **ca. 40 Min.**
Zutaten für **4 Portionen**

Zubereitung:

Das Gyros marinieren und braten

1. Das Fleisch in dünne Streifen schneiden und in eine Schüssel geben.
2. Etwas Öl, Paprikapulver, Salz, Pfeffer und ggf. Zitronensaft und Knoblauch hinzufügen. Alles gut vermengen & das Fleisch mindestens 30 Min. (oder über Nacht) im Kühlschrank marinieren.
3. 2 EL Öl in einer großen Pfanne erhitzen und das marinierte Fleisch portionsweise anbraten, bis es goldbraun und knusprig ist. Warm halten.

Die Pita-Brote vorbereiten

1. Die Pita-Brote nach Packungsanleitung im Ofen oder in einer Pfanne kurz erwärmen, bis sie weich und fluffig sind.

Die Gyros Pita zusammenstellen

1. Jedes Pita-Brot mit Tzatziki bestreichen.
2. Eine Portion Gyros, Zwiebelringe, Tomatenscheiben und Salatstreifen hinzufügen.
3. Nach Wunsch mit Tzatziki und zerbröseltem Feta toppen.

Tipp aus der Schlossküche

Falls ihr eine vegetarische Variante möchtet, könnt ihr das Fleisch durch marinierte Pilze oder Halloumi ersetzen – königlich lecker!

Pro Portion: 776 kcal, 59 g Kohlenh., 46 g Eiweiß, 41 g Fett

American Cheeseburger

Zutaten:

- 500 g Rinderhackfleisch
- 1 Ei
- 1 TL Senf
- Salz und Pfeffer nach Geschmack
- 1 EL Sonnenblumen- bzw. Pflanzenöl
- 4 Burgerbrötchen
- 4 Scheiben Cheddar
- 1 Tomate (in Scheiben geschnitten)
- 1 rote Zwiebel (in Ringe geschnitten)
- 4 Blätter Kopfsalat
- 4 EL Mayonnaise
- 4 EL Ketchup
- Gewürzgurken (in Scheiben)

Schwierigkeitsgrad: **leicht**
Dauer: **ca. 30 Min.**
Zutaten für **4 Portionen**

Zubereitung:

Die Burger-Patties formen

1. Das Hackfleisch in eine Schüssel geben und mit Ei, Senf, Salz und Pfeffer gut vermengen.

2. Die Mischung in 4 gleichgroße Portionen teilen und zu flachen Patties formen (etwas größer als die Brötchen, da sie beim Braten schrumpfen).

Die Burger-Patties braten

1. Eine Pfanne mit Pflanzenöl erhitzen und die Patties bei mittlerer Hitze ca. 4–5 Minuten pro Seite braten, bis sie durchgegart und außen goldbraun sind.

2. Falls gewünscht, kurz vor Ende des Bratens je eine Scheibe Cheddar auf die Patties legen, damit der Käse schmilzt.

Die Burger zusammenstellen

1. Die Burgerbrötchen halbieren und die Schnittflächen in der Pfanne kurz anrösten.

2. Die untere Brötchenhälfte mit Mayonnaise bestreichen, darauf ein Salatblatt, das Patty, Tomatenscheiben, Zwiebelringe und Gewürzgurken legen.

3. Mit Ketchup abschließen und die obere Brötchenhälfte aufsetzen.

Tipp aus der Schlossküche

Zur Abwechslung könnt ihr die Burger-Patties mit etwas gehacktem Knoblauch oder geräuchertem Paprikapulver verfeinern. Und wer es besonders kreativ mag, kann Avocado als Topping verwenden!

Pro Portion: 727 kcal, 37 g Kohlenh., 45 g Eiweiß, 45 g Fett

vegetarisch

Börek mit Käsefüllung

Schwierigkeitsgrad: **mittel**
Dauer: **ca. 45 Min.**
Zutaten für **8 Stück**

Zutaten:

Für die Börek-Füllung:

- 200 g Feta (zerbröselt)
- 100 g Mozzarella (gerieben)
- 1 Ei
- 1 EL frische Petersilie (gehackt)
- 1 EL frischer Dill (gehackt, optional)
- 1 Prise Salz und Pfeffer

Für die Börek-Hülle:

- 4 große Yufka- oder Filotbrotblätter
- 3 EL Butter (geschmolzen)
- 1 Ei (verquirlt, zum Bestreichen)

Zubereitung:

Die Füllung zubereiten

1. Den Feta und den geriebenen Mozzarella in einer Schüssel vermengen.
2. Das Ei, die gehackte Petersilie und den Dill hinzufügen.
3. Alles gut vermischen und mit einer Prise Salz und Pfeffer abschmecken.

Die Börek formen

1. Die Yufkateigblätter ausbreiten und in Drei- oder Vierecke schneiden (bei runden Blättern etwa 6 Dreiecke, bei rechteckigen nach Belieben).
2. Etwas von der Käsefüllung auf die breite Seite jedes Dreiecks geben.
3. Die Seiten leicht einklappen und den Teig von der breiten Seite her aufrollen, sodass kleine Röllchen entstehen.
4. Die Ränder mit etwas geschmolzener Butter bestreichen, damit die Röllchen gut verschlossen bleiben.

Die Börek backen

1. Den Backofen auf 180 °C (Ober-/Unterhitze) vorheizen.
2. Ein Backblech mit Backpapier auslegen und die Börek-Röllchen darauflegen.
3. Die Röllchen mit verquirltem Ei bestreichen und nach Wunsch mit Sesam bestreuen.
4. Im vorgeheizten Ofen ca. 20–25 Min. backen, bis sie goldbraun und knusprig sind.

Anrichten wie eine Königin

1. Die Börek auf einem Teller oder einer Platte servieren.

Tipp: Falls Yufka- oder Filoteig nicht verfügbar ist, könnt ihr auch Strudelteig verwenden.

Pro Stück: 245 kcal, 16 g Kohlenh., 9 g Eiweiß, 15 g Fett

vegan

Quinoa-Gemüsepfanne

mit Kichererbsen

Zutaten:

- 200 g Quinoa
- 400 ml Gemüsebrühe
- 1 EL Sonnenblumen- bzw. Pflanzenöl
- 1 Zwiebel (fein gewürfelt)
- 1 Knoblauchzehe (gehackt)
- 1 Paprika (rot oder gelb, gewürfelt)
- 1 Zucchini (gewürfelt)
- 100 g Kirschtomaten (halbiert)
- 1 Dose Kichererbsen (ca. 240 g Abtropfgewicht, abgespült)
- 1 TL Kurkuma
- Salz und Pfeffer
- 2 EL Zitronensaft

Schwierigkeitsgrad: **leicht**
Dauer: **ca. 30 Min.**
Zutaten für **4 Portionen**

Zubereitung:

1. Die Quinoa kochen

1. Quinoa gründlich unter fließendem Wasser spülen, um die Bitterstoffe zu entfernen.
2. Mit der Gemüsebrühe in einen Topf geben und aufkochen.
3. Bei niedriger Hitze ca. 15 Minuten köcheln lassen, bis die Quinoa weich ist und die Flüssigkeit aufgenommen hat.
4. Vom Herd nehmen und mit einer Gabel auflockern.

Das Gemüse anbraten

1. Das Öl in einer großen Pfanne erhitzen.
2. Die Zwiebel und den Knoblauch darin anschwitzen, bis sie glasig sind.
3. Paprika und Zucchini hinzufügen und ca. 5 Minuten anbraten, bis sie bissfest sind.
4. Die Kirschtomaten und die Kichererbsen dazugeben und weitere 2 Minuten braten.

Alles vermengen und würzen

1. Die gekochte Quinoa zum Gemüse in die Pfanne geben und gut vermengen.
2. Mit Kurkuma, Salz und Pfeffer würzen.
3. Den Zitronensaft unterrühren und alles noch 2 Minuten ziehen lassen.

Anrichten wie eine Königin

1. Die Quinoa-Gemüsepfanne auf Tellern anrichten.
2. Optional mit frischer Petersilie oder Koriander bestreuen und/oder nach Belieben mit Sesam oder gehackten Nüssen toppen.

Pro Portion: 377 kcal, 58 g Kohlenh., 15 g Eiweiß, 10 g Fett

vegan

Linsen-Dal
mit Kokosmilch und Kurkuma

Zutaten:

- 200 g rote Linsen
- 1 EL Sonnenblumen- bzw. Pflanzenöl
- 1 Zwiebel (fein gewürfelt)
- 2 Knoblauchzehen (gehackt)
- 1 Stück Ingwer (ca. 2 cm, gerieben)
- 1 TL Kurkuma
- 1 TL Kreuzkümmel
- 1/2 TL Korianderpulver
- 400 ml Kokosmilch
- 400 ml Gemüsebrühe
- 2 Tomaten (gewürfelt)
- Salz und Pfeffer
- 200 g Basmatireis (nach Packungsanleitung)

Schwierigkeitsgrad: **leicht**
Dauer: **ca. 40 Min.**
Zutaten für **4 Portionen**

Zubereitung:

Die Linsen vorbereiten

1. Die roten Linsen in einem Sieb mit kaltem Wasser gut abspülen, bis das Wasser klar bleibt. Beiseite stellen.

Die Gewürz-Basis anbraten

1. Das Öl in einem großen Topf oder einer Pfanne erhitzen.
2. Die Zwiebel, den Knoblauch und den geriebenen Ingwer darin bei mittlerer Hitze anbraten, bis sie duften und leicht glasig sind.
3. Die Gewürze (Kurkuma, Kreuzkümmel, Koriander) hinzufügen und kurz mitrösten, damit sich die Aromen entfalten.

Das Dal kochen

1. Die gewaschenen Linsen, Kokosmilch, Gemüsebrühe und gewürfelte Tomaten in den Topf geben.
2. Alles gut umrühren und bei mittlerer Hitze ca. 20 Minuten köcheln lassen, bis die Linsen weich und cremig sind. Mit Salz und Pfeffer abschmecken.

Den Reis kochen

1. Während das Dal köchelt, den Basmatireis nach Packungsanleitung in Salzwasser kochen. Abgießen und warm halten.

Anrichten wie eine Königin

1. Das Linsen-Dal in Schalen oder tiefe Teller füllen.
2. Mit dem Basmatireis mischen und servieren.

Pro Portion: 569 kcal, 59 g Kohlenh., 18 g Eiweiß, 31 g Fett

vegan

Süßkartoffel-Curry
mit Kichererbsen

Zutaten:

- 1 EL Sonnenblumen- bzw. Pflanzenöl
- 1 Zwiebel (gewürfelt)
- 2 Knoblauchzehen (gehackt)
- 1 Stück Ingwer (ca. 2 cm, gerieben)
- 2 TL Currypulver
- 1 große Süßkartoffel (ca. 400 g, gewürfelt)
- 1 Dose Kichererbsen (ca. 240 g, abgespült)
- 400 ml Kokosmilch
- 200 ml Gemüsebrühe
- 2 Tomaten (gewürfelt)
- 1 TL Zitronensaft
- Salz und Pfeffer
- 200 g Basmatireis

Schwierigkeitsgrad: **mittel**
Dauer: **ca. 30 - 40 Min.**
Zutaten für **4 Portionen**

Zubereitung:

Das Gemüse vorbereiten

1. Die Süßkartoffel schälen und in Würfel schneiden.
2. Die Kichererbsen abspülen und abtropfen lassen.
3. Das Öl in einer großen Pfanne oder einem Topf erhitzen.
4. Zwiebel, Knoblauch, geriebenen Ingwer zufügen & bei mittlerer Hitze glasig anbraten.
5. Currypulver dazugeben und kurz mitrösten.

Das Curry kochen

1. Die gewürfelten Süßkartoffeln & Kichererbsen in die Pfanne geben und kurz anbraten.
2. Mit Kokosmilch und Gemüsebrühe aufgießen & gewürfelte Tomaten hinzufügen.
3. Alles gut umrühren und bei mittlerer Hitze ca. 20 Minuten köcheln lassen, bis die Süßkartoffeln weich sind.
4. Mit Zitronensaft, Salz und Pfeffer abschmecken.
5. Während das Curry köchelt, den Basmatireis nach Packungsanleitung in Salzwasser kochen.
6. Abgießen und warm halten.

Anrichten wie eine Königin

1. Das Curry in Schalen oder tiefe Teller füllen.
2. Optional: Mit frischem Koriander oder Petersilie und gerösteten Cashewkernen oder Mandelblättchen bestreuen.
3. Mit dem Basmatireis servieren.

Pro Portion: 578 kcal, 66 g Kohlenh., 13 g Eiweiß, 32 g Fett

vegan

Zucchini-Nudeln

mit Cashew-Pesto

Zutaten:

- 4 mittelgroße Zucchini
- Sonnenblumen- bzw. Pflanzenöl
- 80 g Cashewkerne (ungesalzen)
- 40 g frischer Basilikum
- 50 ml Olivenöl
- 1 Knoblauchzehe
- 2 EL Zitronensaft
- 2 EL Hefeflocken (oder 30 g geriebener Parmesan)
- Salz und Pfeffer

Zubereitung:

Schwierigkeitsgrad: **mittel**
Dauer: **ca. 30 Min.**
Zutaten für **4 Portionen**

Die Zucchini in Nudeln verwandeln

1. Die Zucchini mit einem Spiralschneider in dünne Spaghetti schneiden.
2. Falls kein Spiralschneider vorhanden ist, mit einem Sparschäler oder einem kleinen Messer breite Bandnudeln schneiden.
3. In einer großen Pfanne 1 EL Öl erhitzen und die Zucchini-Nudeln kurz anbraten (ca. 2 Minuten, nicht zu heiß!), damit sie weich, aber noch bissfest sind.
4. Mit einer Prise Salz würzen und beiseitestellen.

Das Cashew-Pesto zubereiten

1. Die Cashewkerne in einer Pfanne ohne Öl leicht anrösten, bis sie duften.
2. In einen Mixer oder eine Küchenmaschine geben.
3. Basilikum, 2 EL Öl (am besten Olivenöl), Knoblauch, Zitronensaft, Hefeflocken (oder Parmesan), Salz und Pfeffer hinzufügen.
4. Alles fein pürieren, bis eine cremige Konsistenz entsteht. Falls nötig, 1–2 EL Wasser hinzufügen, um das Pesto geschmeidiger zu machen.

Die Zucchini-Nudeln mit dem Pesto vermengen

1. Das fertige Cashew-Pesto in die Pfanne zu den Zucchini-Nudeln geben.
2. Alles vorsichtig vermengen, bis die Nudeln gut mit dem Pesto überzogen sind.
3. Kurz erwärmen, aber nicht zu lange kochen, damit die Zucchini nicht zu weich wird.

Anrichten wie eine Königin

1. Die Zucchini-Nudeln auf Teller verteilen.
2. Mit gerösteten Cashewkernen garnieren.

Pro Portion: 278 kcal, 15 g Kohlenh., 9 g Eiweiß, 22 g Fett

Leicht und köstlich

Hähnchenbrust mit Zitronen-Kräuter-Marinade

Zutaten:

- 4 Hähnchenbrustfilets (je ca. 150 g)
- 1 EL Sonnenblumen- bzw. Pflanzenöl
- 1 TL Honig oder Ahornsirup
- 1 TL Senf (mittelscharf)
- 1 Zitrone
- 1 TL Oregano
- ½ TL Thymian
- je ½ TL Salz und Pfeffer
- 2 Knoblauchzehen (gehackt)
- 200 g grüner Spargel oder Zucchini

Schwierigkeitsgrad: **mittel**
Dauer: **ca. 25 Min.**
Zutaten für **4 Portionen**

Zubereitung:

Die Marinade vorbereiten

1. In einer kleinen Schüssel Öl, Zitronensaft, Honig, Senf, Oregano, Thymian, Salz, Pfeffer und Knoblauch vermengen.
2. Die Hähnchenbrüste in eine flache Schale legen und mit der Marinade übergießen.
3. Mindestens 20 Minuten ziehen lassen (für intensiveren Geschmack gerne bis zu 2 Stunden).

Das Hähnchen braten oder grillen

1. Eine Pfanne auf mittlere Hitze erwärmen oder den Grill vorheizen.
2. Die Hähnchenbrüste aus der Marinade nehmen und überschüssige Flüssigkeit abtropfen lassen.
3. In der Pfanne oder auf dem Grill jeweils 6–7 Minuten pro Seite braten, bis das Fleisch durchgegart ist.

Das Gemüse zubereiten

1. Den grünen Spargel oder die Zucchini ggf. in Stücke schneiden.
2. Mit Salz und Pfeffer würzen.
3. In einer Pfanne 5 Minuten anbraten oder auf dem Grill mit dem Hähnchen garen.
4. Alles zusammen servieren.

Tipp aus der Schlossküche

Dazu passt wunderbar ein leichter Joghurt-Dip (Seite 136) oder ein frischer Tomatensalat!

Pro Portion: 308 kcal, 6 g Kohlenh., 48 g Eiweiß, 9 g Fett

Leicht und köstlich

vegetarisch

Spinat-Ricotta-Omelett

Zutaten:

- 4 Eier
- 2 EL Milch oder pflanzliche Alternative
- Je ½ TL Salz und Pfeffer
- 1 EL Sonnenblumen- bzw. Pflanzenöl
- 100 g frischer Spinat
- 100 g Ricotta oder Hüttenkäse
- 1 Knoblauchzehe (gehackt)

Royal Optional:

- ½ TL Zitronensaft
- ½ TL Oregano
- 1 EL geriebener Parmesan
- 1 TL gehackte Petersilie

Schwierigkeitsgrad: **leicht**
Dauer: **ca. 15 Min.**
Zutaten für **2 Portionen**

Zubereitung:

Die Eiermasse vorbereiten

1. Die Eier mit der Milch, Salz, Pfeffer in einer Schüssel verquirlen. Beiseitestellen.

Die Füllung zubereiten

1. Das Öl oder die Butter in einer Pfanne erhitzen.
2. Den Knoblauch kurz anbraten, dann Spinat dazugeben und zusammenfallen lassen.
3. Ricotta, Zitronensaft und Oregano unterrühren und die Füllung vom Herd nehmen.

Das Omelett braten

1. Eine Pfanne auf mittlerer Hitze erhitzen und die Eiermasse hineingießen.
2. Das Omelett langsam stocken lassen (ca. 3–4 Minuten), dabei die Hitze nicht zu hoch einstellen.
3. Die Spinat-Ricotta-Mischung auf eine Hälfte des Omeletts geben.
4. Sobald das Omelett fest ist, die freie Hälfte darüberklappen und noch 1 Minute nachziehen lassen.
5. Das Omelett auf einem Teller anrichten. Mit Parmesan und gehackter Petersilie bestreuen.

Tipp aus der Schlossküche

Falls ihr noch mehr Geschmack wollt, könnt ihr das Omelett mit ein paar getrockneten Tomaten oder einer Prise Chiliflocken aufpeppen.

Pro Portion: 307 kcal, 8 g Kohlenh., 22 g Eiweiß, 21 g Fett

Leicht und köstlich

Gebratene Garnelen

mit Knoblauch und Zucchini

Zutaten:

- 200 g Garnelen (geschält und entdarmt)
- 1 Zucchini (in Scheiben geschnitten)
- 1 EL Sonnenblumen- bzw. Pflanzenöl
- 2 Knoblauchzehen (fein gehackt)
- Je ½ TL Salz und Pfeffer
- ½ TL Paprikapulver (edelsüß)
- ½ TL Zitronensaft

Royal Optional:

- ½ TL Oregano
- 1 TL geriebene Zitronenschale
- 1 EL gehackte Petersilie

Schwierigkeitsgrad: **leicht**
Dauer: **ca. 20 Min.**
Zutaten für **2 Portionen**

Zubereitung:

Die Garnelen vorbereiten

1. Die Garnelen unter kaltem Wasser abspülen und gut abtrocknen.
2. In einer Schüssel mit Salz, Pfeffer, Paprikapulver, Zitronensaft & Oregano vermengen.

Die Zucchini anbraten

1. Das Öl in einer Pfanne erhitzen.
2. Die Zucchinischeiben darin ca. 5 Minuten anbraten, bis sie leicht gebräunt sind.
3. Herausnehmen und beiseitestellen.

Die Garnelen braten

1. Die vorbereiteten Garnelen in die heiße Pfanne geben.
2. Den Knoblauch hinzufügen und 2–3 Minuten pro Seite braten, bis die Garnelen rosa und durchgegart sind.

Anrichten wie eine Königin

1. Die Zucchini wieder in die Pfanne geben und kurz mit den Garnelen vermengen.
2. Auf Tellern anrichten und mit Zitronenschale und gehackter Petersilie garnieren.

Tipp aus der Schlossküche

Falls ihr eine würzigere Note möchtet, könnt ihr eine Prise Chiliflocken hinzufügen. Dazu passt wunderbar ein leichter Couscous-Salat oder ein Stück knuspriges Baguette!

Pro Portion: 187 kcal, 10 g Kohlenh., 26 g Eiweiß, 6 g Fett

vegan

Asiatische Gemüsepfanne
mit Tofu und Sesam

Zutaten:

- 200 g Tofu (fester Tofu, gewürfelt)
- 1 Karotte (in feine Streifen geschnitten)
- 1 rote Paprika (in Streifen geschnitten)
- 1 Zucchini (in Scheiben geschnitten)
- 100 g Brokkoli (in Röschen geschnitten)
- 2 EL Sojasoße (oder Maggi Würze)
- 1 EL Sonnenblumen- bzw. Pflanzenöl
- 1 TL Honig oder Ahornsirup
- 1 TL Ingwer (frisch gerieben)
- 1 Knoblauchzehe (gehackt)

Royal Optional:

- 1 EL Sesamsamen
- 1 TL gehackter Koriander oder Frühlingszwiebeln

Schwierigkeitsgrad: **leicht**
Dauer: **ca. 20 Min.**
Zutaten für **2 Portionen**

Zubereitung:

Den Tofu vorbereiten

1. Den Tofu mit Küchenpapier trocken tupfen und in kleine Würfel schneiden.
2. In einer Schüssel mit 1 EL Sojasoße, Honig und einer Prise Chiliflocken marinieren.
3. Mindestens 10 Minuten ziehen lassen.

Das Gemüse anbraten

1. Das Öl in einer Pfanne oder einem Wok erhitzen.
2. Die Karotten, Paprika, Zucchini und Brokkoli hinzufügen und bei hoher Hitze ca. 5 Minuten unter Rühren anbraten, bis das Gemüse noch knackig, aber leicht weich ist.

Den Tofu anbraten

1. Den marinierten Tofu in die Pfanne geben und weitere 3 Minuten braten, bis er leicht knusprig ist.
2. Ingwer und Knoblauch hinzufügen und kurz mit anbraten.
3. Die restliche Sojasoße darübergeben und gut vermengen.

Anrichten wie eine Königin

1. Die Gemüsepfanne auf Tellern verteilen.
2. Mit geröstetem Sesam und frischen Kräutern (Koriander oder Frühlingszwiebeln) garnieren.
3. Nach Belieben mit etwas zusätzlicher Sojasoße oder einem Spritzer Limettensaft servieren.

Pro Portion: 302 kcal, 22 g Kohlenh., 21 g Eiweiß, 16 g Fett

Leicht und köstlich

Blumenkohl-"Reis" mit Hähnchenstreifen und Erdnusssoße

Zutaten:

Schwierigkeitsgrad: **mittel**
Dauer: **ca. 30 Min.**
Zutaten für **2 Portionen**

Für den Blumenkohl-„Reis“:
- 300 g Blumenkohl (fein gehackt)
- 1 EL Sonnenblumen- bzw. Pflanzenöl
- Je ½ TL Salz und Pfeffer

Für das Hähnchen:
- 200 g Hähnchenbrust (in Streifen geschnitten)
- 1 TL Sojasoße (oder Maggi Würze)
- ½ TL Paprikapulver
- ½ TL Knoblauchpulver

Für die Erdnusssoße:
- 1 EL Erdnussbutter (ungesüßt)
- 1 TL Sojasoße (oder Maggi Würze)
- 1 TL Honig oder Ahornsirup
- 1 TL Limetten- oder Zitronensaft
- 1 EL Sonnenblumen- bzw. Pflanzenöl

Zubereitung:

Den Blumenkohlreis zubereiten
1. Den Blumenkohl mit einer Küchenreibe oder in einer Küchenmaschine fein hacken, bis er die Konsistenz von Reis hat.
2. In einer Pfanne mit 1 TL Öl bei mittlerer Hitze 3–5 Minuten anbraten.
3. Mit Salz und Pfeffer würzen und warmhalten.

Das Hähnchen braten
1. Die Hähnchenstreifen mit Sojasoße, Paprikapulver & Knoblauchpulver marinieren.
2. In einer heißen Pfanne mit etwas Öl ca. 5–7 Minuten braten, bis sie goldbraun und durchgegart sind.

Die Erdnusssoße anrühren
1. Alle Zutaten für die Erdnusssoße in einer kleinen Schüssel gut vermengen.
2. Falls die Soße zu dick ist, mit etwas Wasser verdünnen, bis sie cremig ist.

Anrichten wie eine Königin
1. Den Blumenkohlreis auf Tellern verteilen.
2. Die Hähnchenstreifen darauflegen und mit der Erdnusssoße beträufeln.

Pro Portion: 330 kcal, 15 g Kohlenh., 37 g Eiweiß, 14 g Fett

Leicht und köstlich

vegetarisch

Leichte Tomaten-Zucchini-Tarte

Zutaten:

- 1 Rolle Blätterteig (ca. 275 g, aus dem Kühlregal)
- 100 g Frischkäse
- 1 TL Senf (mittelscharf oder Dijon)
- Je ½ TL Salz und Pfeffer
- 1 Zucchini (in Scheiben geschnitten)
- 2 große Tomaten (in Scheiben geschnitten)

Royal Optional:

- 1 TL Olivenöl
- ½ TL Oregano
- 1 EL geriebener Käse
- 1 TL gehackte Basilikumblätter

Schwierigkeitsgrad: **mittel**
Dauer: **ca. 30 - 40 Min.**
Zutaten für **4 Portionen**

Zubereitung:

Den Ofen vorheizen und den Teig vorbereiten

1. Den Backofen auf 200°C Ober-/Unterhitze vorheizen.
2. Den Blätterteig auf einem mit Backpapier ausgelegten Blech ausrollen.
3. Die Ränder leicht nach innen klappen, sodass ein kleiner Rand entsteht.

Die Tarte zubereiten

1. Frischkäse mit Senf, Salz, Pfeffer und Oregano in einer Schüssel verrühren.
2. Die Mischung gleichmäßig auf dem Blätterteig verteilen.
3. Die Zucchini- und Tomatenscheiben dekorativ auf dem Teig verteilen.
4. Optional mit Olivenöl beträufeln und mit dem geriebenem Käse bestreuen.
5. Die Tarte auf mittlerer Schiene ca. 20–25 Minuten backen, bis der Blätterteig goldbraun ist.

Anrichten wie eine Königin

1. Die fertige Tarte aus dem Ofen nehmen & ggf. mit gehacktem Basilikum bestreuen.
2. Nach Belieben mit einem Spritzer Zitronensaft oder Chiliflocken verfeinern.

Tipp aus der Schlossküche

Falls ihr noch mehr Geschmack wollt, könnt ihr die Tarte mit ein paar zerbröselten Fetastückchen oder ein paar schwarzen Oliven garnieren.

Pro Portion: 458 kcal, 40 g Kohlenh., 7 g Eiweiß, 29 g Fett

Leicht und köstlich

Thunfisch-Avocado-Bowl

mit Reis

Zutaten:

Für die Bowl:

- 150 g (Jasmin-)Reis
- 1 TL Essig
- 1 Prise Salz

Für den Belag:

- 150 g Thunfisch (in eigenem Saft, abgetropft)
- 1 reife Avocado (gewürfelt)
- 1 kleine Gurke (in Streifen geschnitten)
- 1 kleine Karotte (gerieben)

Für das Dressing:

- 2 EL Sojasoße (oder Maggi Würze)
- 1 TL Olivenöl
- ½ TL Honig oder Ahornsirup
- ½ TL Ingwer (frisch gerieben)
- 1 TL Limetten- oder Zitronensaft

Schwierigkeitsgrad: **leicht**
Dauer: **ca. 15 Min.**
Zutaten für **2 Portionen**

Zubereitung:

Den Reis kochen

1. Den Reis gründlich unter kaltem Wasser abspülen, bis das Wasser klar ist.
2. Mit 300 ml Wasser in einem kleinen Topf zum Kochen bringen.
3. Die Hitze reduzieren und den Reis zugedeckt ca. 10 Minuten köcheln lassen, bis das Wasser aufgenommen ist.
4. Den Topf vom Herd nehmen und den Essig und eine Prise Salz unterrühren.

Das Dressing vorbereiten

1. In einer kleinen Schüssel Sojasoße, Olivenöl, Honig, geriebenen Ingwer und Limettensaft vermengen und beiseitestellen.

Die Bowl zusammenstellen

1. Den warmen Reis auf zwei Schüsseln aufteilen.
2. Thunfisch, Avocado, Gurkenstreifen und geriebene Karotte darauf anrichten.
3. Das Dressing gleichmäßig darüberträufeln.

Anrichten wie eine Königin

1. Die Bowls optional mit Sesamsamen, Frühlingszwiebeln und nach Wunsch Chiliflocken garnieren. Sofort servieren und genießen!

Pro Portion: 555 kcal, 72 g Kohlenh., 26 g Eiweiß, 17 g Fett

Hähnchenflügel

mit scharfer Marinade

Zutaten:

Für die Hähnchenflügel:

- 1 kg Hähnchenflügel
- 1 TL Salz
- ½ TL Pfeffer
- ½ TL Knoblauchpulver

Für die Marinade:

- 1 Chilischote (gehackt)
- 2 EL Honig oder Ahornsirup
- 2 EL Sojasoße (oder Maggi Würze)
- 1 EL (Apfel-)Essig
- 1 EL Olivenöl
- ½ TL Paprikapulver

Schwierigkeitsgrad: **leicht**
Dauer: **ca. 30 - 40 Min.**
Zutaten für **4 Portionen**

Zubereitung:

Die Hähnchenflügel vorbereiten

1. Die Hähnchenflügel mit Küchenpapier trocken tupfen.
2. In einer Schüssel mit Salz, Pfeffer und Knoblauchpulver würzen.
3. Beiseitestellen.

Die Marinade zubereiten

1. In einer Schüssel die ganz klein gehackte Chilischote, Honig, Sojasoße, Apfelessig, Olivenöl und Paprikapulver vermengen.
2. Die Hälfte der Marinade beiseite stellen (zum Bestreichen bei & nach dem Grillen).

Die Hähnchenflügel marinieren

1. Die Hähnchenflügel in die restliche Marinade geben und gut vermengen, sodass alle Flügel gleichmäßig bedeckt sind.
2. Mindestens 30 Minuten (besser 2 Stunden) im Kühlschrank ziehen lassen.

Die Hähnchenflügel grillen

1. Den Grill auf mittlere Hitze vorheizen.
2. Die Hähnchenflügel direkt auf den Grill legen und von jeder Seite ca. 7–8 Minuten grillen, bis sie knusprig sind.
3. Während des Grillens gelegentlich mit der restlichen Marinade bestreichen.

Anrichten wie eine Königin

1. Die gegrillten Hähnchenflügel optional mit Sesamsamen bestreuen, auf einem Teller anrichten und genießen.

Pro Portion: 640 kcal, 12 g Kohlenh., 46 g Eiweiß, 44 g Fett

Grillsteak

mit Knoblauch-Kräuter-Butter

Zutaten:

- 4 Rindersteaks (je ca. 200 g)
- Olivenöl
- ½ TL Paprikapulver
- 100 g weiche Butter
- 1 Knoblauchzehe (gepresst)
- 2 EL gehackte frische Kräuter (z. B. Petersilie, Thymian, Rosmarin)
- 1 TL Zitronensaft
- 500 g Grillgemüse (z. B. Zucchini, Paprika, Aubergine, Champignons)
- Salz und Pfeffer

Schwierigkeitsgrad: **mittel**
Dauer: **ca. 30 Min.**
Zutaten für **4 Portionen**

Zubereitung:

Die Knoblauch-Kräuter-Butter vorbereiten

1. Die weiche Butter in eine Schüssel geben.
2. Den Knoblauch pressen und zusammen mit den gehackten Kräutern, Zitronensaft, 1 TL Salz und 1 TL Pfeffer zur Butter geben.
3. Gut mischen, in Frischhaltefolie einwickeln & im Kühlschrank fest werden lassen.

Die Steaks vorbereiten

1. Die Steaks ca. 30 Minuten vor dem Grillen aus dem Kühlschrank nehmen, damit sie Zimmertemperatur annehmen.
2. Mit Olivenöl einreiben und mit je 1 TL Salz & Pfeffer und dem Paprikapulver würzen.

Das Gemüse grillen

1. Das Gemüse in grobe Stücke schneiden und mit Olivenöl, und je ½ TL Salz & Pfeffer vermengen.
2. Auf dem Grill ca. 5–7 Minuten grillen, bis es leicht gebräunt und weich ist.

Die Steaks grillen

1. Den Grill auf hohe Hitze vorheizen.
2. Die Steaks je nach gewünschtem Gargrad grillen: Rare: 2–3 Minuten pro Seite; Medium: 4–5 Minuten pro Seite; Well Done: 6–7 Minuten pro Seite
3. Nach dem Grillen das Steak 5 Minuten ruhen lassen, damit sich die Säfte verteilen. (Am besten in Alufolie einwickeln)
4. Die Steaks auf einen Teller legen und jeweils ein Stück der Knoblauch-Kräuter-Butter darauf geben. Mit dem gegrillten Gemüse servieren.

Pro Portion: 785 kcal, 8 g Kohlenh., 54 g Eiweiß, 62 g Fett

Schweinefilet

in Honig-Senf-Kruste

Zutaten:

Für das Schweinefilet:

- 600 g Schweinefilet
- 2 EL Olivenöl
- je 1 TL Salz und Pfeffer

Für die Honig-Senf-Kruste:

- 2 EL Honig
- 2 EL (grober) Senf
- 1 Knoblauchzehe (gepresst)
- 1 TL Paprikapulver
- 1 EL Semmelbrösel

Für die Beilage:

- 500 g Kartoffeln (kleine, festkochende)
- 1 EL Olivenöl
- 1/2 TL Salz

Schwierigkeitsgrad: **anspruchsvoll**
Dauer: **ca. 30 - 40 Min.**
Zutaten für **4 Portionen**

Zubereitung:

Das Schweinefilet vorbereiten

1. Das Schweinefilet mit Küchenpapier trocken tupfen.
2. Mit Olivenöl einreiben und mit Salz und Pfeffer würzen. Beiseitestellen.
3. Honig, Senf, Knoblauch und Paprikapulver in einer kleinen Schüssel vermengen.
4. Falls eine knusprigere Kruste gewünscht wird, die Semmelbrösel unterrühren.

Die Kartoffeln vorbereiten

1. Die Kartoffeln halbieren oder vierteln und mit Olivenöl und Salz vermengen.
2. In einer Grillschale oder Alufolie auf dem Grill garen, bis sie goldbraun sind (ca. 20 Minuten).

Das Schweinefilet grillen

1. Den Grill auf mittlere Hitze vorheizen.
2. Das Filet ca. 5 Minuten von jeder Seite scharf angrillen.
3. Die Honig-Senf-Mischung auf das Filet streichen und das Fleisch indirekt bei niedriger Hitze ca. 15–20 Minuten garziehen lassen.

Anrichten wie eine Königin

1. Das Schweinefilet vom Grill nehmen und 5 Minuten ruhen lassen.
2. In Scheiben schneiden und mit den gegrillten Kartoffeln servieren.

Pro Portion: 437 kcal, 34 g Kohlenh., 37 g Eiweiß, 16 g Fett

Umwickelte Hähnchenbrust

mit Honigglasur

Zutaten:

Für das Hähnchen:
- 4 Hähnchenbrüste (je ca. 180 g)
- 12 Scheiben Bacon
- je 1 TL Salz und Pfeffer
- 1/2 TL Knoblauchpulver

Für die Honigglasur:
- 3 EL Honig
- 1 EL Sojasoße (oder Maggi Würze)
- 1 TL Senf
- 1/2 TL Paprikapulver

Für die Beilage:
- 500 g Grillgemüse (z. B. Zucchini, Paprika, etc)
- 1 EL Olivenöl
- je 1/2 TL Salz und Pfeffer

Schwierigkeitsgrad: **mittel**
Dauer: **ca. 30 - 40 Min.**
Zutaten für **4 Portionen**

Zubereitung:

Das Hähnchen vorbereiten

1. Die Hähnchenbrüste mit Küchenpapier trocken tupfen.
2. Mit Salz, Pfeffer und Knoblauchpulver würzen.
3. Jede Hähnchenbrust mit 3 Scheiben Bacon umwickeln und die Enden leicht andrücken. (Zur Not mit in Wasser getränkten Zahnstochern fixieren)

Die Honigglasur zubereiten

1. In einer kleinen Schüssel den Honig, Sojasoße, Senf und Paprikapulver vermengen. Beiseitestellen.

Das Gemüse vorbereiten

1. Das Gemüse in Stücke schneiden und mit Olivenöl, Salz und Pfeffer vermengen.
2. In einer Grillschale oder Alufolie auf dem Grill garen, bis es leicht gebräunt und weich ist (ca. 10–15 Minuten).

Das Hähnchen grillen

1. Den Grill auf mittlere Hitze vorheizen.
2. Die Speck-umwickelten Hähnchenbrüste auf den Grill legen und von jeder Seite ca. 5 Minuten grillen.
3. Während des Grillens regelmäßig mit der Honigglasur bestreichen.
4. Das Hähnchen ca. 15–20 Minuten grillen, bis der Speck knusprig und das Hähnchen durchgegart ist. Dann mit dem gegrillten Gemüse servieren.

Pro Portion: 736 kcal, 19 g Kohlenh., 80 g Eiweiß, 36 g Fett

Mediterrane Spieße

mit Kräutern

Zutaten:

- 600 g Grillfleisch (Rind, Schwein, Huhn)
- 2 EL Olivenöl
- 2 Knoblauchzehen (gepresst)
- 1 TL Zitronensaft
- 1 TL Thymian
- 1 TL Rosmarin
- ½ TL Oregano
- Salz und Pfeffer
- 8 Holz- oder Metallspieße
- 200 g Tzatziki
- 4 Fladenbrote oder Pitabrote
- 100 g Kirschtomaten (halbiert)
- 1 kleine rote Zwiebel (in Ringe geschnitten)

Schwierigkeitsgrad: **leicht**
Dauer: **ca. 30 - 40 Min.**
Zutaten für **4 Portionen**

Zubereitung:

Die Marinade für das Fleisch zubereiten

1. In einer großen Schüssel das Olivenöl, den Zitronensaft, Knoblauch, Thymian, Rosmarin, Oregano, und je 1 TL Salz und Pfeffer vermischen.
2. Das Fleisch in mundgroße Stücke schneiden, in die Marinade geben & gut mischen.
3. Mindestens 30 Minuten (besser 2 Stunden) im Kühlschrank ziehen lassen.

Die Spieße vorbereiten und grillen

1. Falls Holzspieße verwendet werden: Diese 10 Minuten in Wasser einweichen, damit sie nicht verbrennen.
2. Das marinierte Fleisch gleichmäßig auf die Spieße stecken.
3. Den Grill auf mittlere bis hohe Hitze vorheizen.
4. Die Spieße auf den Grill legen und von jeder Seite etwa 5–6 Minuten grillen, bis das Fleisch schön gebräunt ist

Die Beilage vorbereiten

1. Die Kirschtomaten und die rote Zwiebel in eine Schüssel geben und mit etwas Olivenöl und 1 TL Salz vermengen.
2. Die Fladenbrote kurz auf dem Grill erwärmen, bis sie leicht knusprig sind.

Anrichten wie eine Königin

1. Die Spieße auf einem Teller anrichten.
2. Mit Fladenbrot, Tzatziki und dem Tomaten-Zwiebel-Salat servieren.

Pro Portion: 503 kcal, 37 g Kohlenh., 41 g Eiweiß, 26 g Fett

vegetarisch

Halloumi-Gemüse-Spieße

Zutaten:

Für die Spieße:

- 250 g Halloumi (in Würfel geschnitten)
- 1 Zucchini (in Scheiben geschnitten)
- 1 rote Paprika (in Stücke geschnitten)
- 1 gelbe Paprika (in Stücke geschnitten)
- 150 g Champignons (halbiert)
- 1 rote Zwiebel (in Stücke geschnitten)
- 8–10 Holz- oder Metallspieße

Für die Marinade:

- 3 EL Olivenöl
- 1 TL Zitronensaft
- ½ TL Paprikapulver
- ½ TL Knoblauchpulver
- 1 TL Honig
- 1 TL Oregano
- je ½ TL Salz und Pfeffer

Schwierigkeitsgrad: **leicht**
Dauer: **ca. 20 Min.**
Zutaten für **4 Portionen**

Zubereitung:

Die Marinade vorbereiten

1. In einer kleinen Schüssel Olivenöl, Zitronensaft, Honig, Oregano, Knoblauchpulver, Paprikapulver, Salz und Pfeffer vermengen.
2. Beiseitestellen.

Die Spieße zusammenstellen

1. Die geschnittenen Halloumi-Würfel, Zucchini, Paprika, Champignons und rote Zwiebeln abwechselnd auf die Spieße stecken.
2. Mit der vorbereiteten Marinade bestreichen.

Die Spieße grillen

1. Den Grill auf mittlere Hitze vorheizen.
2. Die Spieße auf den Grill legen und von jeder Seite ca. 3–4 Minuten grillen, bis der Halloumi goldbraun ist und das Gemüse leicht gebräunt und weich wird.
3. Während des Grillens gelegentlich mit der restlichen Marinade bestreichen.

Anrichten wie eine Königin

1. Die gegrillten Spieße auf einem Teller anrichten.
2. Nach Belieben mit frischen Kräutern (z. B. Petersilie oder Basilikum) bestreuen.
3. Mit etwas zusätzlichem Zitronensaft beträufeln und servieren.

Pro Portion: 373 kcal, 17 g Kohlenh., 17 g Eiweiß, 28 g Fett

vegan

Knoblauch-Kräuter-Champignons

Zutaten:

- 400 g frische Champignons (mittelgroß, geputzt)
- 2 EL Olivenöl
- 2 Knoblauchzehen (gepresst oder fein gehackt)
- 1 TL Zitronensaft
- 1 TL gehackte Petersilie
- ½ TL Thymian
- ½ TL Oregano
- je ½ TL Salz und Pfeffer

Schwierigkeitsgrad: **leicht**
Dauer: **ca. 30 Min.**
Zutaten für **4 Portionen**

Zubereitung:

Die Marinade vorbereiten

1. In einer kleinen Schüssel Olivenöl, Knoblauch, Zitronensaft, Petersilie, Thymian, Oregano, Salz und Pfeffer vermengen.
2. Falls gewünscht, Sojasoße oder Balsamico sowie Chiliflocken hinzufügen.

Die Champignons marinieren

1. Die Champignons in eine Schüssel geben und mit der Marinade vermengen.
2. Mindestens 15 Minuten ziehen lassen (je länger, desto intensiver das Aroma).

Die Champignons grillen

1. Den Grill auf mittlere Hitze vorheizen.
2. Die marinierten Champignons direkt auf den Grillrost legen oder in eine Grillschale geben. Alternativ könnt ihr sie auch auf Spieße stecken und dann grillen.
3. Ca. 5 - 8 Minuten grillen, dabei gelegentlich wenden, bis sie goldbraun sind und leicht karamellisieren.

Anrichten wie eine Königin

1. Die gegrillten Champignons auf einem Teller anrichten.
2. Mit frischen Kräutern bestreuen und warm servieren.

Tipp aus der Schlossküche

Falls ihr es noch würziger möchtet, könnt ihr vor dem Servieren etwas geriebenen Parmesan oder geröstete Pinienkerne darüberstreuen. Diese Champignons passen perfekt zu gegrilltem Fleisch!

Pro Portion: 101 kcal, 6 g Kohlenh., 4 g Eiweiß, 8 g Fett

vegetarisch

Gegrillte Ananas

mit Zimt und Honig

Zutaten:

- 1 reife Ananas
- 2 EL Honig
- 1 TL Zimt
- 1 EL Limetten- oder Zitronensaft
- 1 EL geschmolzene Butter oder Kokosöl

Royal Optional:

- ½ TL Vanilleextrakt
- 2 EL gehackte Nüsse (z. B. Mandeln oder Walnüsse)
- 1 Kugel Vanilleeis pro Person (für extra Genuss)

Schwierigkeitsgrad: **leicht**
Dauer: **ca. 15 Min.**
Zutaten für **4 Portionen**

Zubereitung:

Die Ananas vorbereiten

1. Die Ananas schälen, den Strunk entfernen und in ca. 1 cm dicke Scheiben oder Spalten schneiden.
2. In einer kleinen Schüssel den Honig mit Zimt, Vanilleextrakt, Limettensaft und geschmolzener Butter oder Kokosöl vermengen.
3. Die Ananasscheiben mit der Mischung bestreichen.

Die Ananas grillen

1. Den Grill auf mittlere Hitze vorheizen.
2. Die Ananasscheiben direkt auf den Rost legen und etwa 2–3 Minuten pro Seite grillen, bis sie leicht karamellisieren und schöne Grillstreifen bekommen.
3. Falls gewünscht, während des Grillens noch einmal mit der Honig-Zimt-Mischung bestreichen.

Anrichten wie eine Königin

1. Die gegrillten Ananasscheiben auf Teller legen.
2. Nach Belieben mit gehackten Nüssen, Kokosraspeln oder einer Kugel Vanilleeis servieren.

Tipp aus der Schlossküche

Falls ihr das Dessert noch raffinierter machen wollt, könnt ihr es mit einem Hauch Meersalz bestreuen – das bringt die Süße der Ananas noch besser zur Geltung!

Pro Portion: 288 kcal, 42 g Kohlenh., 4 g Eiweiß, 13 g Fett

vegetarisch

Cremige Tomatensuppe

Zutaten:

- 1 EL Olivenöl
- 1 Zwiebel (gewürfelt)
- 1 Knoblauchzehe (fein gehackt)
- 800 g gehackte Tomaten aus der Dose
- 250 ml Gemüsebrühe
- 100 ml Sahne
- 1 TL Zucker oder Ahornsirup
- je ½ TL Salz und Pfeffer

Royal Optional:

- 1 TL getrockneter Oregano
- 1 Handvoll frischer Basilikum
- 2 EL geriebener Parmesan
- 1 Handvoll Croûtons oder geröstete Brotwürfel

Schwierigkeitsgrad: **leicht**
Dauer: **ca. 20 Min.**
Zutaten für **4 Portionen**

Zubereitung:

Die Zwiebeln und den Knoblauch anbraten

1. Das Olivenöl in einem Topf erhitzen (nicht zu heiß, auf mittlerer Stufe).
2. Die gewürfelte Zwiebel darin glasig anbraten (ca. 3 Minuten).
3. Den Knoblauch hinzufügen und kurz mitdünsten, bis er duftet.

Die Suppe kochen

1. Die gehackten Tomaten und die Gemüsebrühe in den Topf geben.
2. Mit Zucker, Salz, Pfeffer und Oregano würzen.
3. Alles auf mittlerer Hitze 10–15 Minuten köcheln lassen.

Die Suppe pürieren und verfeinern

1. Die Suppe mit einem Stabmixer fein pürieren, bis sie cremig ist.
2. Die Sahne einrühren und nochmals kurz erhitzen.
3. Optional den frischen Basilikum hinzufügen und unterrühren.

Anrichten wie eine Königin

1. Die Suppe in Schüsseln verteilen und nach Belieben mit Parmesan bestreuen.
2. Ggf. mit knusprigen Croûtons toppen und genießen!

Tipp aus der Schlossküche

Falls ihr die Suppe noch aromatischer möchtet, könnt ihr einen Spritzer Balsamico-Essig oder eine Prise Chiliflocken hinzufügen.

Pro Portion: 198 kcal, 21 g Kohlenh., 6 g Eiweiß, 10 g Fett

vegetarisch

Kartoffelsuppe

Zutaten:

- 800 g Kartoffeln (mehligkochend)
- 1 Zwiebel (gewürfelt)
- 1 Knoblauchzehe (fein gehackt)
- 1 EL Butter oder Pflanzenöl
- 1 Liter Gemüsebrühe
- 100 ml Sahne
- je ½ TL Salz und Pfeffer

Royal Optional:

- 1 TL Thymian (frisch oder getrocknet)
- 2 EL frische Petersilie (gehackt)
- 1 EL Speckwürfel (für die herzhafte Variante)
- 1 Handvoll Croûtons oder geröstete Brotwürfel

Schwierigkeitsgrad: **leicht**
Dauer: **ca. 30 Min.**
Zutaten für **4 Portionen**

Zubereitung:

Die Suppe vorbereiten

1. Die Kartoffeln schälen und in Würfel schneiden.
2. Die Butter oder das Öl in einem großen Topf erhitzen.
3. Die Zwiebel glasig anschwitzen, dann den Knoblauch kurz mitdünsten.
4. Die Kartoffeln hinzufügen und mit der Gemüsebrühe aufgießen.
5. Mit Salz, Pfeffer und ggf. Thymian würzen.
6. Ca. 20 Minuten köcheln lassen, bis die Kartoffeln weich sind.

Die Suppe pürieren und verfeinern (optional)

1. Die Suppe mit einem Stabmixer fein pürieren, bis sie cremig ist.
2. Die Sahne einrühren und nochmals kurz erhitzen.

Anrichten wie eine Königin

1. Die Suppe in Schüsseln verteilen.
2. Mit den knusprigen Croûtons bestreuen.
3. Nach Belieben mit frischer Petersilie oder Speckwürfeln garnieren.

Tipp aus der Schlossküche

Falls ihr es noch cremiger möchtet, könnt ihr einen Klecks Crème fraîche auf die Suppe geben. Für eine würzigere Note schmeckt geriebener Käse (z. B. Parmesan oder Cheddar) hervorragend als Topping!

Pro Portion: 349 kcal, 47 g Kohlenh., 10 g Eiweiß, 13 g Fett

vegan

Kürbiscremesuppe

mit Kokosmilch

Zutaten:

- 800 g Kürbis (entkernt, gewürfelt)
- 1 Zwiebel (gewürfelt)
- 1 Knoblauchzehe (fein gehackt)
- 1 EL Pflanzenöl (z. B. Sonnenblumen- oder Rapsöl) oder Butter
- 750 ml Gemüsebrühe
- 200 ml Kokosmilch
- je 1/2 TL Salz und Pfeffer

Royal Optional:

- 1/2 TL Zimt (optional für eine süße Note)
- 1 kleines Stück Ingwer (ca. 2 cm, gerieben)
- 1/2 TL Currypulver
- 2 EL Kürbiskerne (geröstet)
- 1 TL Kokosraspeln
- 1 Spritzer Limettensaft

Schwierigkeitsgrad: **leicht**
Dauer: **ca. 30 Min.**
Zutaten für **4 Portionen**

Zubereitung:

Die Basis anbraten

1. Das Öl oder die Butter in einem großen Topf erhitzen.
2. Die Zwiebel glasig anschwitzen, dann Knoblauch und ggf. Ingwer hinzufügen.
3. Den Kürbis dazugeben und ca. 5 Min. anbraten, damit er mehr Aroma entwickelt.

Die Suppe kochen

1. Die Gemüsebrühe hinzufügen und mit Salz, Pfeffer, Currypulver und Zimt würzen.
2. Ca. 15 Minuten köcheln lassen, bis der Kürbis weich ist.

Die Suppe pürieren und verfeinern (optional)

1. Die Suppe mit einem Stabmixer fein pürieren, bis sie cremig ist.
2. Die Kokosmilch einrühren und nochmals kurz erhitzen.

Anrichten wie eine Königin

1. Die Suppe in Schüsseln verteilen.
2. Mit gerösteten Kürbiskernen und Kokosraspeln bestreuen.
3. Nach Belieben mit einem Spritzer Limettensaft verfeinern.

Pro Portion: 313 kcal, 27 g Kohlenh., 8 g Eiweiß, 21 g Fett

vegan

Italienische Minestrone

mit Pasta

Zutaten:

- 2 EL Olivenöl
- 1 Zwiebel (gewürfelt)
- 2 Knoblauchzehen (fein gehackt)
- 2 Karotten (in kleine Würfel geschnitten)
- 1 Stange Staudensellerie (in feine Scheiben geschnitten)
- 1 Zucchini (gewürfelt)
- 1 rote Paprika (gewürfelt)
- 1 Dose gehackte Tomaten (400 g)
- 750 ml Gemüsebrühe
- 100 g kleine Nudeln
- 1 Dose weiße Bohnen (abgetropft, 240 g)
- 1 TL getrockneter Oregano
- ½ TL Thymian
- je ½ TL Salz und Pfeffer

Schwierigkeitsgrad: **leicht**
Dauer: **ca. 30 Min.**
Zutaten für **4 Portionen**

Zubereitung:

Die Basis anbraten

1. Das Olivenöl in einem großen Topf erhitzen (nicht zu heiß, mittlere Stufe).
2. Die Zwiebel glasig anschwitzen, dann den Knoblauch hinzufügen.
3. Karotten, Sellerie, Zucchini und Paprika dazugeben und ca. 5 Minuten anbraten.

Die Suppe kochen

1. Die gehackten Tomaten und Gemüsebrühe in den Topf geben.
2. Mit Oregano, Thymian, Salz und Pfeffer würzen.
3. Ca. 15 Minuten köcheln lassen, bis das Gemüse weich ist.

Nudeln und Bohnen hinzufügen

1. Die Nudeln und die weißen Bohnen in die Suppe geben.
2. Weitere 10 Minuten köcheln lassen, bis die Nudeln gar sind.

Anrichten wie eine Königin

1. Die Suppe in Schüsseln verteilen.
2. Optional: Mit frisch geriebenem Parmesan und frischem Basilikum garnieren.

Pro Portion: 336 kcal, 50 g Kohlenh., 13 g Eiweiß, 10 g Fett

Schnelle Hühnersuppe

mit Gemüse

Schwierigkeitsgrad: **leicht**
Dauer: **ca. 30 Min.**
Zutaten für **4 Portionen**

Zutaten:

- 1 EL Sonnenblumen- bzw. Pflanzenöl
- 1 Zwiebel (gewürfelt)
- 2 Knoblauchzehen (fein gehackt)
- 2 Karotten (in Scheiben geschnitten)
- 1 Stange Staudensellerie (in feine Scheiben geschnitten)
- 1 Liter Hühnerbrühe
- 250 g Hähnchenbrust (in mundgerechte Stücke geschnitten)
- 100 g kleine Suppennudeln
- je 1 TL Salz und Pfeffer

Royal Optional:

- ½ TL Thymian
- 1 Handvoll frische Petersilie (gehackt)
- 1 TL Zitronensaft für eine frische Note
- 1 Prise Chiliflocken für leichte Schärfe

Zubereitung:

Die Basis anbraten

1. Das Öl in einem großen Topf erhitzen.
2. Die Zwiebel glasig anschwitzen, dann den Knoblauch hinzufügen.
3. Karotten und Sellerie dazugeben und ca. 5 Minuten anbraten.

Die Suppe kochen

1. Die Hühnerbrühe in den Topf geben und zum Kochen bringen.
2. Die Hähnchenbruststücke in die Suppe geben und bei mittlerer Hitze ca. 15 Minuten garen, bis das Fleisch durch ist.

Nudeln hinzufügen und abschmecken

1. Die Suppennudeln dazugeben und weitere 5–7 Minuten köcheln lassen, bis sie weich sind.
2. Mit Salz, Pfeffer und Thymian würzen.

Anrichten wie eine Königin

1. Die Suppe in Schüsseln verteilen.
2. Mit frischer Petersilie bestreuen und nach Belieben mit einem Spritzer Zitronensaft oder Chiliflocken verfeinern.

Pro Portion: 275 kcal, 28 g Kohlenh., 25 g Eiweiß, 7 g Fett

vegetarisch

Cremige Brokkolisuppe

mit Käse

Zutaten:

- 1 EL Butter oder Pflanzenöl
- 1 Zwiebel (gewürfelt)
- 1 Knoblauchzehe (fein gehackt)
- 500 g Brokkoli (in Röschen geschnitten)
- 750 ml Gemüsebrühe
- 150 ml Milch
- 100 g geriebener Käse (z. B. Cheddar)
- je ½ TL Salz und Pfeffer

Royal Optional:

- ½ TL Muskatnuss
- 2 EL geröstete Sonnenblumenkerne
- 1 TL geriebener Käse zum Bestreuen

Schwierigkeitsgrad: **leicht**
Dauer: **ca. 25 Min.**
Zutaten für **4 Portionen**

Zubereitung:

Die Basis anbraten

1. Die Butter oder das Öl in einem großen Topf erhitzen.
2. Die Zwiebel glasig anschwitzen, dann den Knoblauch hinzufügen.
3. Den Brokkoli dazugeben und kurz mit anbraten.

Die Suppe kochen

1. Die Gemüsebrühe in den Topf geben und auf mittlerer Hitze ca. 10 Minuten köcheln lassen, bis der Brokkoli weich ist.

Pürieren und verfeinern

1. Die Suppe mit einem Stabmixer fein pürieren. (optional)
2. Die Milch und den geriebenen Käse einrühren und nochmals kurz erwärmen, bis der Käse geschmolzen ist.
3. Mit Salz, Pfeffer und optional Muskatnuss abschmecken.

Anrichten wie eine Königin

1. Die Suppe in Schüsseln verteilen. Mit gerösteten Sonnenblumenkernen bestreuen und nach Belieben mit geriebenem Käse toppen.

Tipp aus der Schlossküche

Falls ihr eine noch cremigere Konsistenz wollt, könnt ihr zusätzlich etwas Sahne oder einen Löffel Frischkäse einrühren.
Wer es würziger mag, kann die Suppe mit etwas Senf verfeinern!

Pro Portion: 236 kcal, 16 g Kohlenh., 13 g Eiweiß, 15 g Fett

vegan

Zauberhafte Linsensuppe

mit orientalischen Gewürzen

Zutaten:

- 1 EL Sonnenblumen- bzw. Pflanzenöl
- 1 Zwiebel (gewürfelt)
- 2 Knoblauchzehen (fein gehackt)
- 1 Karotte (gerieben oder gewürfelt)
- 200 g rote Linsen
- 1 Liter Gemüsebrühe
- 1 TL Kreuzkümmel
- ½ TL Paprikapulver (edelsüß)
- ½ TL Kurkuma
- je ½ TL Salz und Pfeffer
- 1 TL Tomatenmark
- 1 TL Zitronensaft

Schwierigkeitsgrad: **leicht**
Dauer: **ca. 30 Min.**
Zutaten für **4 Portionen**

Zubereitung:

Die Basis vorbereiten

1. Das Öl in einem großen Topf erhitzen.
2. Die Zwiebel glasig anschwitzen, dann Knoblauch und Karotten hinzufügen.
3. Tomatenmark und die Gewürze (Kreuzkümmel, Paprika, Kurkuma) dazugeben und kurz anrösten.

Die Suppe kochen

1. Die Linsen und die Gemüsebrühe in den Topf geben.
2. Alles auf mittlerer Hitze ca. 15–20 Min. köcheln lassen, bis die Linsen weich sind.

Pürieren und abschmecken

1. Die Suppe nach Belieben mit einem Stabmixer pürieren (komplett oder nur teilweise für mehr Biss).
2. Mit Salz, Pfeffer und Zitronensaft abschmecken.

Anrichten wie eine Königin

1. Die Suppe in Schüsseln verteilen.
2. Optional mit einem Klecks Joghurt, gehackter Petersilie oder Koriander und Chiliflocken garnieren.

Tipp aus der Schlossküche

Falls ihr die Suppe etwas reichhaltiger möchtet, könnt ihr eine kleine Kartoffel mitkochen oder am Ende etwas Kokosmilch hinzufügen.

Pro Portion: 271 kcal, 40 g Kohlenh., 16 g Eiweiß, 6 g Fett

vegan

Mexikanischer Bohnen-Eintopf

Zutaten:

- 1 EL Sonnenblumen- bzw. Pflanzenöl
- 1 Zwiebel (gewürfelt)
- 2 Knoblauchzehen (fein gehackt)
- 1 rote Paprika (gewürfelt)
- 1 Dose schwarze Bohnen (ca. 240 g)
- 1 Dose Kidneybohnen (ca. 240 g)
- 1 Dose gehackte Tomaten (400 g)
- 150 g Mais
- 750 ml Gemüsebrühe
- 1 TL Kreuzkümmel
- ½ TL Paprikapulver (edelsüß)
- ½ TL Oregano
- je ½ TL Salz und Pfeffer

Schwierigkeitsgrad: **leicht**
Dauer: **ca. 30 Min.**
Zutaten für **4 Portionen**

Zubereitung:

Die Basis anbraten

1. Das Olivenöl in einem großen Topf erhitzen.
2. Die Zwiebel glasig anschwitzen, dann Knoblauch und Paprika hinzufügen.
3. Kreuzkümmel, Paprikapulver und Oregano dazugeben und kurz anrösten.

Den Eintopf kochen

1. Die Bohnen, die gehackten Tomaten, den Mais und die Gemüsebrühe in den Topf geben.
2. Mit Salz und Pfeffer würzen.
3. Ca. 20 Minuten köcheln lassen, damit sich die Aromen verbinden.

Anrichten wie eine Königin

1. Den Bohneneintopf in Schüsseln verteilen.
2. Optional mit einem Klecks Joghurt und frischen Kräutern garnieren.
3. Nach Belieben mit Chiliflocken bestreuen und servieren.

Tipp aus der Schlossküche

Falls ihr eine sättigendere Variante möchtet, könnt ihr eine kleine Süßkartoffel in Würfeln mitkochen.

Dazu passt perfekt Reis, Tortilla-Chips oder knuspriges Brot!

Pro Portion: 295 kcal, 48 g Kohlenh., 16 g Eiweiß, 6 g Fett

vegetarisch

Französische Zwiebelsuppe
mit Käse-Croûtons

Zutaten:

- 3 EL Butter
- 4 große Zwiebeln (in Ringe geschnitten)
- 2 Knoblauchzehen (fein gehackt)
- 1 TL Zucker
- 1 TL Mehl
- 1 Liter Gemüse- oder Rinderbrühe
- 100 ml Weißwein (optional, für mehr Aroma)
- ½ TL Salz
- ½ TL Pfeffer
- 1 TL Thymian (frisch oder getrocknet)
- 1 Lorbeerblatt (optional)
- 4 Scheiben Baguette oder Ciabatta
- 100 g geriebener Käse

Schwierigkeitsgrad: **mittel**
Dauer: **ca. 50 Min.**
Zutaten für **4 Portionen**

Zubereitung:

Die Zwiebeln karamellisieren

1. Die Butter in einem großen Topf schmelzen.
2. Die Zwiebelringe hinzufügen und bei mittlerer Hitze 20–25 Minuten langsam schmoren, bis sie goldbraun und karamellisiert sind.
3. Den Knoblauch und den Zucker dazugeben und weitere 2 Minuten rühren.

Die Suppe kochen

1. Das Mehl über die Zwiebeln streuen und gut verrühren, damit die Suppe später eine leichte Bindung bekommt.
2. Falls gewünscht, den Weißwein hinzufügen und für 2 Minuten köcheln lassen.
3. Die Brühe, Salz, Pfeffer, Thymian und das Lorbeerblatt dazugeben.
4. Die Suppe 20 Minuten köcheln lassen, damit sich die Aromen verbinden.

Die Käse-Croûtons zubereiten

1. Die Baguettescheiben mit Olivenöl oder Butter bestreichen.
2. Mit geriebenem Käse bestreuen und im Ofen bei 200°C 5–7 Minuten überbacken, bis der Käse geschmolzen und goldbraun ist.

Anrichten wie eine Königin

1. Die heiße Zwiebelsuppe in Schüsseln füllen.
2. Die Käse-Croûtons auf die Suppe legen oder separat servieren.

Pro Portion: 407 kcal, 38 g Kohlenh., 13 g Eiweiß, 21 g Fett

Caesar-Salat

mit knusprigen Croûtons

Zutaten:

Für den Salat:

- 1 Kopf Romana- oder Eisbergsalat
- 5 - 10 Cherrytomaten (halbiert)
- 1/4 Salatgurke (optional, in Würfeln)
- 50 g Parmesan (in feine Späne gehobelt)
- 1 kleines Hähnchenbrustfilet (optional, für eine sättigende Variante)
- Croûtons nach Belieben

Für das Dressing:

- 2 EL Joghurt oder Mayonnaise
- 1 TL Senf
- 1 TL Zitronensaft
- ½ TL Worcestersoße (oder Maggi Würze)
- 1 kleine Knoblauchzehe (fein gehackt)
- 1 TL geriebener Parmesan
- ½ TL Pfeffer

Schwierigkeitsgrad: **leicht**
Dauer: **ca. 15 min.**
Zutaten für **2 Portionen**

Zubereitung:

Optional: Das Hähnchen braten

1. Falls gewünscht, das Hähnchenbrustfilet mit etwas Salz und Pfeffer würzen.
2. In einer Pfanne mit etwas Öl von beiden Seiten ca. 6–7 Min. braten, bis es durchgegart ist. In Streifen schneiden und beiseitestellen.

Das Dressing anrühren

1. Joghurt (oder Mayonnaise) mit Senf, Zitronensaft, Worcestersoße, geriebenem Parmesan und Knoblauch verrühren.
2. Mit Pfeffer abschmecken.

Den Salat anrichten wie eine Königin

1. Den Salat in mundgerechte Stücke schneiden und in eine große Schüssel geben.
2. Die Tomaten, die Gurke & das Dressing zum Salat geben und gut vermengen.
3. Die Croûtons, Parmesanspäne und ggf. das Hähnchen darüber verteilen.

Tipp aus der Schlossküche

Falls ihr eine vegane Variante wollt, könnt ihr das Hähnchen durch geröstete Kichererbsen ersetzen und Hefeflocken statt Parmesan verwenden.

Pro Portion: 387 kcal, 19 g Kohlenh., 37 g Eiweiß, 18 g Fett

vegan

Griechischer Bauernsalat

Zutaten:

Für den Salat:

- 1 Eisbergsalat
- 1 große Tomate (gewürfelt)
- ½ Gurke (in dünne Scheiben geschnitten)
- ½ rote Paprika (in Streifen geschnitten)
- ½ rote Zwiebel (in Ringe geschnitten)
- 50 g Feta (gewürfelt oder zerbröselt)
- 10 schwarze Oliven (entsteint)

Für das Dressing:

- 2 EL Olivenöl
- 1 TL Zitronensaft
- 1 TL (Weißwein-)Essig
- ½ TL Oregano
- je ½ TL Salz und Pfeffer

Schwierigkeitsgrad: **leicht**
Dauer: **ca. 10 min.**
Zutaten für **2 Portionen**

Zubereitung:

Das Gemüse vorbereiten

1. Salat, Tomate, Gurke, Paprika und Zwiebel in mundgerechte Stücke schneiden.
2. Die Oliven entsteinen (falls sie nicht bereits entsteint sind).

Das Dressing anrühren

1. Olivenöl, Zitronensaft, Weißweinessig, Oregano, Salz und Pfeffer in einer kleinen Schüssel verrühren.

Den Salat zusammenstellen

1. Das vorbereitete Gemüse in eine große Schüssel geben.
2. Den Feta und die Oliven darüber verteilen.
3. Das Dressing darüberträufeln und alles vorsichtig vermengen.

Anrichten wie eine Königin

1. Den Salat in einer hübschen Schale servieren.
2. Nach Wunsch mit frischen Kräutern wie Petersilie oder Basilikum garnieren.

Tipp aus der Schlossküche

Falls ihr es noch würziger mögt, könnt ihr den Salat mit etwas zerbröseltem Brot oder gerösteten Pinienkernen verfeinern. Dazu passt Fladenbrot oder knuspriges Baguette!

Pro Portion: 222 kcal, 13 g Kohlenh., 5 g Eiweiß, 17 g Fett

vegan

Bunter Quinoa-Gemüse-Salat

Zutaten:

Für den Salat:

- 100 g Quinoa (weiß oder bunt)
- ½ TL Salz
- ½ rote Paprika (gewürfelt)
- ½ Gurke (in Stücke geschnitten)
- 1 kleine Karotte (geraspelt)
- 50 g Mais (aus der Dose)
- 1 Zwiebel (in Ringe geschnitten)
- 1 TL gehackte Petersilie oder Koriander (optional)

Für das Dressing:

- 2 EL Olivenöl
- 1 TL Limettensaft
- ½ TL Honig oder Ahornsirup
- ½ TL Senf
- Je ½ TL Salz und Pfeffer

Schwierigkeitsgrad: **leicht**
Dauer: **ca. 25 Min.**
Zutaten für **2 Portionen**

Zubereitung:

Quinoa kochen

1. Quinoa gründlich unter fließendem Wasser abspülen.
2. Mit 200 ml Wasser und ½ TL Salz in einem Topf zum Kochen bringen.
3. Die Hitze reduzieren und ca. 12–15 Minuten köcheln lassen, bis das Wasser aufgesogen ist.
4. Vom Herd nehmen und abkühlen lassen.

Das Dressing anrühren

1. Olivenöl, Limettensaft, Honig, Senf, Salz und Pfeffer in einer kleinen Schüssel gut vermischen.

Den Salat zusammenstellen

1. Das vorbereitete Gemüse (Paprika, Gurke, Karotte, Mais, Zwiebel) in eine große Schüssel geben.
2. Den abgekühlten Quinoa dazugeben und vorsichtig vermengen.
3. Das Dressing darüberträufeln und gut unterrühren.

Anrichten wie eine Königin

1. Den Salat in eine hübsche Schale geben.
2. Mit frischer Petersilie oder Koriander garnieren.

Pro Portion: 342 kcal, 47 g Kohlenh., 9 g Eiweiß, 14 g Fett

vegan

Caprese-Salat

mit Balsamico-Glasur

Zutaten:

- 2 große Tomaten (oder 250 g Cherrytomaten)
- 125 g Mozzarella (eine Kugel)
- 10–12 frische Basilikumblätter
- 2 EL Olivenöl
- 1 EL Balsamico-Glasur oder Aceto Balsamico
- je ½ TL Salz und Pfeffer

Schwierigkeitsgrad: **leicht**
Dauer: **ca. 10 Min.**
Zutaten für **2 Portionen**

Zubereitung:

Die Zutaten vorbereiten

1. Die Tomaten in dünne Scheiben schneiden oder die Cherrytomaten halbieren.
2. Den Mozzarella ebenfalls in dünne Scheiben schneiden.
3. Die Basilikumblätter waschen und trocken tupfen.

Den Salat anrichten

1. Tomaten- und Mozzarellascheiben abwechselnd auf einem Teller oder einer Servierplatte schichten.
2. Die Basilikumblätter gleichmäßig darüber verteilen.

Mit Dressing verfeinern

1. Olivenöl über den Salat träufeln.
2. Mit Salz und Pfeffer würzen.
3. Zum Schluss die Balsamico-Glasur dekorativ darüber geben.

Anrichten wie eine Königin

1. Nach Wunsch mit gerösteten Pinienkernen oder gehackten Walnüssen bestreuen.
2. Direkt servieren – am besten mit knusprigem Baguette oder frischem Ciabatta!

Tipp aus der Schlossküche

Falls ihr keinen Mozzarella mögt, könnt ihr ihn durch Feta oder Burrata ersetzen. Für eine noch intensivere Geschmacksnote probiert den Salat mit einem Spritzer Zitronensaft! Perfekt serviert mit knusprigem Brot, gegrilltem Gemüse oder als Beilage zu Pasta!

Pro Portion: 295 kcal, 8 g Kohlenh., 14 g Eiweiß, 24 g Fett

Fruchtiger Hähnchen-Mango-Salat

Zutaten:

Für den Salat:
- 1 kleine Hähnchenbrust (ca. 150 g)
- 1 EL Sonnenblumen- bzw. Pflanzenöl
- je ½ TL Salz und Pfeffer
- 1 reife Mango (gewürfelt)
- ½ rote Paprika (in Streifen geschnitten)
- ½ Gurke (in Scheiben geschnitten)
- 1 rote Zwiebel (in Ringe geschnitten)
- 100 g gemischter Salat (z. B. Rucola)

Für das Dressing:
- 2 EL Olivenöl
- 1 TL Honig oder Ahornsirup
- 1 TL Limettensaft
- ½ TL Senf
- je ½ TL Salz und Pfeffer

Schwierigkeitsgrad: **leicht**
Dauer: **ca. 20 Min.**
Zutaten für **2 Portionen**

Zubereitung:

Das Hähnchen braten

1. Die Hähnchenbrust mit Salz und Pfeffer würzen.
2. In einer Pfanne mit Öl bei mittlerer Hitze ca. 6–7 Minuten pro Seite braten, bis sie goldbraun und durchgegart ist.
3. Vom Herd nehmen, etwas abkühlen lassen und in dünne Streifen schneiden.

Das Dressing anrühren

1. Olivenöl, Honig, Limettensaft, Senf, Salz und Pfeffer in einer kleinen Schüssel gut verrühren.

Den Salat zusammenstellen

1. Den gemischten Salat in eine große Schüssel geben.
2. Mango, Paprika, Gurke und Zwiebel darauf verteilen.
3. Das geschnittene Hähnchen dazugeben.

Anrichten wie eine Königin

1. Das Dressing über den Salat träufeln und alles vorsichtig vermengen.
2. Optional mit gehackter Petersilie oder Cashewnüssen bestreuen und servieren.

Pro Portion: 308 kcal, 22 g Kohlenh., 25 g Eiweiß, 13 g Fett

vegetarisch

Königliches Erdbeer-Tiramisu

Schwierigkeitsgrad: **mittel**
Dauer: **ca. 20 Min. + 2 Std.**
Zutaten für **4 Portionen**

Zutaten:

Für die Creme:
- 250 g Mascarpone
- 200 g Schlagsahne
- 2 EL Zucker
- 1 TL Vanilleextrakt

Für die Schichten:
- 200 g Erdbeeren (gewaschen und in Scheiben geschnitten)
- 100 ml Orangensaft (oder Apfelsaft)
- 100 g Löffelbiskuits

Für das Topping:
- 1 EL Kakaopulver (optional)
- 2–3 Erdbeeren zur Dekoration

Zubereitung:

Die Mascarpone-Creme zubereiten

1. Die Sahne mit 1 EL Zucker steif schlagen.
2. In einer separaten Schüssel Mascarpone, den restlichen Zucker und Vanilleextrakt glatt rühren.
3. Die geschlagene Sahne vorsichtig unter die Mascarpone-Mischung heben, bis eine luftige Creme entsteht.

Die Erdbeeren vorbereiten

1. Die Erdbeeren waschen und in feine Scheiben schneiden.
2. Den Orangensaft in eine flache Schale geben.

Das Tiramisu schichten

1. Die Löffelbiskuits kurz im Orangensaft wenden und in eine Auflaufform oder Gläser legen.
2. Eine Schicht Erdbeeren darauf verteilen.
3. Eine Schicht Mascarpone-Creme darüber geben.
4. Diesen Vorgang wiederholen, bis alle Zutaten aufgebraucht sind.

Anrichten wie eine Königin

1. Das Tiramisu für mindestens 2 Stunden in den Kühlschrank stellen, damit es gut durchzieht.
2. Vor dem Servieren mit Kakaopulver bestreuen und mit frischen Erdbeeren dekorieren.

Pro Portion: 571 kcal, 36 g Kohlenh., 6 g Eiweiß, 44 g Fett

vegetarisch

Fluffiges Schokoladenmousse

Zutaten:

- 200 g Zartbitterschokolade (mind. 60 % Kakaoanteil)
- 3 Eier (Größe M)
- 2 EL Zucker
- 200 ml Schlagsahne
- 1 TL Kakaopulver
- 1 EL gehackte Schokolade oder Schokoraspeln
- 1 EL geschlagene Sahne

Royal Optional:

- 1 TL Vanilleextrakt

Schwierigkeitsgrad: **anspruchsvoll**
Dauer: **ca. 30 Min. + 2 Std.**
Zutaten für **4 Portionen**

Zubereitung:

Die Schokolade schmelzen

1. Die Schokolade in Stücke brechen & über einem Wasserbad langsam schmelzen.
2. Etwas abkühlen lassen, damit die Eier (im nächsten Schritt) nicht stocken.

Eier und Zucker aufschlagen

1. Die Eier trennen – Eiweiß und Eigelb in separate Schüsseln geben.
2. Das Eigelb mit Zucker und optional Vanilleextrakt schaumig schlagen.
3. Die geschmolzene Schokolade langsam unter die Eigelbmasse rühren.

Eiweiß und Sahne aufschlagen

1. Das Eiweiß mit einer Prise Salz steif schlagen.
2. In einer separaten Schüssel die Sahne ebenfalls steif schlagen.

Die Mousse zusammenfügen

1. Zuerst die geschlagene Sahne vorsichtig unter die Schokoladenmischung heben.
2. Danach das Eiweiß unterheben, bis eine luftige, gleichmäßige Masse entsteht.

Anrichten wie eine Königin

1. Die Mousse in Gläser oder Schalen füllen.
2. Mindestens 2 Stunden im Kühlschrank kühlen, damit sie fest wird.
3. Vor dem Servieren mit Kakaopulver, Schokoraspeln oder etwas geschlagener Sahne garnieren.

Pro Portion: 545 kcal, 40 g Kohlenh., 9 g Eiweiß, 39 g Fett

vegetarisch

Vanillepudding

mit karamellisierten Mandeln

Zutaten:

Für den Pudding:

- 500 ml Milch
- 40 g Speisestärke
- 50 g Zucker
- 1 TL Vanilleextrakt

Für die karamellisierten Mandeln:

- 50 g gehobelte Mandeln
- 2 EL Zucker
- 1 TL Butter

Royal Optional:

- 1 TL Kakaopulver oder Zimt
- 1 TL gehackte Pistazien oder Schokoraspeln
- 1 Eigelb (optional für extra Cremigkeit)

Schwierigkeitsgrad: **leicht**
Dauer: **ca. 25 Min.**
Zutaten für **4 Portionen**

Zubereitung:

Den Vanillepudding kochen

1. 400 ml Milch in einem Topf erhitzen, aber nicht kochen lassen.
2. In einer Schüssel die restlichen 100 ml Milch mit Speisestärke, Zucker und Eigelb glatt rühren.
3. Die Vanille zur heißen Milch geben und die angerührte Stärkemischung langsam einrühren.
4. Unter ständigem Rühren auf mittlerer Hitze köcheln lassen, bis der Pudding andickt.
5. In Schalen oder Gläser füllen und etwas abkühlen lassen.

Die Mandeln karamellisieren

1. Eine Pfanne auf mittlere Hitze erwärmen und die Mandeln darin leicht anrösten.
2. Den Zucker und die Butter hinzufügen und unter ständigem Rühren schmelzen lassen, bis die Mandeln mit Karamell überzogen sind.
3. Die Mandeln auf ein Backpapier geben und abkühlen lassen.

Anrichten wie eine Königin

1. Die karamellisierten Mandeln über den leicht abgekühlten Pudding streuen.
2. Nach Wunsch mit Kakaopulver, Zimt oder gehackten Pistazien bestreuen.
3. Servieren und genießen!

Pro Portion: 277 kcal, 31 g Kohlenh., 8 g Eiweiß, 13 g Fett

vegetarisch

Himbeer - Panna Cotta

mit Fruchtspiegel

Zutaten:

Für die Panna Cotta:
- 400 ml Sahne
- 100 ml Milch
- 50 g Zucker
- 1 TL Vanilleextrakt
- 6 g Gelatine (oder 1,5 Blatt)
- 1 TL Zitronensaft

Für den Himbeer-Fruchtspiegel:
- 150 g Himbeeren (frisch oder TK)
- 2 EL Zucker
- 1 TL Zitronensaft
- 1 TL Speisestärke (optional)

Schwierigkeitsgrad: **mittel**
Dauer: **ca. 30 Min. + 4 Std.**
Zutaten für **4 Portionen**

Zubereitung:

Die Panna Cotta zubereiten

1. Sahne, Milch, Zucker und Vanilleextrakt in einem kleinen Topf erhitzen, aber nicht kochen lassen.
2. Währenddessen die Gelatine in kaltem Wasser einweichen.
3. Die Gelatine gut ausdrücken und in die warme Sahnemischung einrühren, bis sie sich vollständig aufgelöst hat.
4. Zitronensaft hinzufügen und die Mischung in kleine Dessertgläser oder Förmchen füllen.
5. Mindestens 4 Stunden im Kühlschrank kühlen, bis die Panna Cotta fest ist.

Den Himbeer-Fruchtspiegel vorbereiten

1. Die Himbeeren mit Zucker und Zitronensaft in einem kleinen Topf erhitzen.
2. Falls die Soße dicker sein soll, die Speisestärke mit 1 EL Wasser anrühren und in die Himbeermasse einrühren.
3. Die Soße leicht einkochen lassen und dann durch ein Sieb passieren, um die Kerne zu entfernen.
4. Abkühlen lassen und vor dem Servieren über die Panna Cotta geben.

Anrichten wie eine Königin

1. Die Panna Cotta mit dem Himbeer-Fruchtspiegel bedecken.
2. Nach Wunsch mit frischen Beeren und Minzblättern dekorieren.

Pro Portion: 440 kcal, 23 g Kohlenh., 5 g Eiweiß, 37 g Fett

vegan

Majestätische Guacamole

Zutaten:

- 2 reife Avocados
- 1 kleine Tomate (fein gewürfelt)
- 1 Knoblauchzehe (fein gehackt)
- ½ rote Zwiebel (fein gewürfelt)
- ½ Limette (Saft)
- je ½ TL Salz und Pfeffer

Royal Optional:

- ½ TL Kreuzkümmel
- 1 TL gehackter Koriander oder Petersilie
- 1 TL Olivenöl (für extra Cremigkeit)

Schwierigkeitsgrad: **leicht**
Dauer: **ca. 5 min.**

Zubereitung:

Avocados vorbereiten

1. Die Avocados halbieren, den Kern entfernen und das Fruchtfleisch mit einem Löffel herauskratzen.
2. In eine Schüssel geben und mit einer Gabel oder einem Kartoffelstampfer grob zerdrücken.

Die Guacamole verfeinern

1. Die gewürfelte Tomate, Zwiebel und den Knoblauch unter die Avocado-Masse rühren.
2. Den Limettensaft, Salz, Pfeffer und nach Wunsch den Kreuzkümmel hinzufügen.
3. Alles gut vermengen, aber nicht zu fein pürieren – etwas Textur macht die Guacamole besonders lecker!

Anrichten wie eine Königin

1. Die Guacamole in eine hübsche Schüssel füllen.
2. Mit frischem Koriander oder Petersilie und einem Spritzer Olivenöl toppen.

Tipp aus der Schlossküche

Damit die Guacamole länger frisch bleibt und nicht braun wird, könnt ihr den Avocadokern in die Schüssel legen oder die Oberfläche mit etwas zusätzlichem Limettensaft beträufeln.

vegetarisch

Joghurt-Dip deluxe

Zutaten:

- 200 g Natur-Joghurt
- 1 TL Zitronensaft
- je ½ TL Salz und Pfeffer
- 1 kleine Knoblauchzehe (fein gehackt)

Royal Optional:

- 1 TL gehackter Dill
- 1 TL gehackte Petersilie
- ½ TL Oregano oder Thymian
- 1 TL Olivenöl (für extra Cremigkeit)

Schwierigkeitsgrad: **leicht**
Dauer: **ca. 5 min.**

Zubereitung:

Die Basis anrühren

1. Den Joghurt in eine Schüssel geben und mit Zitronensaft und Olivenöl glatt rühren.

Die Kräuter und Gewürze hinzufügen

1. Den gehackten Knoblauch sowie Salz, Pfeffer, Dill und Petersilie unterrühren.
2. Falls gewünscht, Oregano oder Thymian für eine mediterrane Note hinzufügen.

Anrichten wie eine Königin

1. Den Dip in eine Schüssel geben.
2. Mit etwas Olivenöl beträufeln und mit frischen Kräutern bestreuen.
3. Sofort servieren oder im Kühlschrank 30 Minuten ziehen lassen, damit sich die Aromen entfalten.

Tipp aus der Schlossküche

Falls ihr es noch würziger mögt, könnt ihr eine Prise Paprikapulver oder Chiliflocken hinzufügen. Dieser Dip passt wunderbar zu gegrilltem Gemüse, Kartoffeln, Falafel oder knusprigem Brot!

vegetarisch

Zauberhafter Salsa-Dip

Zutaten:

- 3 große Tomaten (fein gewürfelt)
- ½ rote Zwiebel (fein gewürfelt)
- 1 kleine Knoblauchzehe (fein gehackt)
- je ½ TL Salz und Pfeffer
- 1 TL Olivenöl
- 1 TL Limettensaft
- 1 TL gehackter Koriander oder Petersilie

Royal Optional:

- ½ Paprika oder Chilischote (fein gehackt)
- ½ TL Kreuzkümmel (optional für eine würzige Note)

Schwierigkeitsgrad: **leicht**
Dauer: **ca. 10 min.**

Zubereitung:

Die Zutaten vorbereiten

1. Die Tomaten in sehr kleine Würfel schneiden oder alternativ in einem Mixer grob pürieren (für eine feine Salsa).
2. Die Zwiebel, Knoblauch und die Paprika bzw. Chilischote fein hacken.

Die Salsa vermengen

1. Alle Zutaten in einer Schüssel gut vermischen.
2. Mit Salz, Pfeffer, Limettensaft und Kreuzkümmel abschmecken.

Anrichten wie eine Königin

1. Die Salsa in eine hübsche Schüssel füllen.
2. Mit frischem Koriander oder Petersilie bestreuen.
3. Nach Belieben mit einem Spritzer zusätzlichem Limettensaft verfeinern.

Tipp aus der Schlossküche

Falls die Salsa zu wässrig ist, kannst du die Tomaten vorher etwas abtropfen lassen. Für eine rauchigere Variante kannst du die Tomaten vorher kurz anrösten.

Weitere Soßen und Dips im Buch

Soßen

Tomaten-Soße

Zutaten:

- 500 g gehackte Tomaten
- 1 kleine Zwiebel (fein gehackt)
- 2 Knoblauchzehen (gehackt)
- 1 EL Olivenöl

Zubereitung siehe:
Vegetarische Auberginen Cannelloni, Seite 68

Verwendungszweck: Nudeln, Reisgerichte, Gemüsepfannen

Honig-Senf-Soße

Zutaten:

- 2 EL Senf
- 2 EL Honig
- 1 TL Sojasoße / Maggi Würze
- 100 ml Hühnerbrühe
- 100 ml Sahne
- 1 TL Speisestärke (optional)

Zubereitung siehe:
Hähnchenbrust in Honig-Senf-Soße, Seite 86

Verwendungszweck: Fleischgerichte, Fischgerichte

Erdnuss-Soße

Zutaten:

- 100 g Erdnussbutter
- 100 ml Kokosmilch
- 1 EL Sojasoße
- 1 TL Limettensaft
- 1 TL brauner Zucker oder Honig

Zubereitung siehe:
Hähnchen-Saté-Spieße mit Erdnusssoße, Seite 59

Verwendungszweck: Asiatische Gerichte, perfekt für Tofu, Hähnchen oder Gemüse

Indische Curry-Soße

Zutaten:

- 2 EL Pflanzenöl
- 1 Zwiebel (fein gehackt)
- 2 Knoblauchzehen (gehackt)
- 1 TL Ingwer (gerieben)
- 2 EL Currypulver
- 400 ml Kokosmilch
- 200 g passierte Tomaten
- 1 TL Zucker
- Salz und Pfeffer

Zubereitung siehe: Chicken Curry, Seite 70

Verwendungszweck: Reisgerichte, Gemüsepfannen, Fleischgerichte

Alfredo-Soße

Zutaten:

- 100 g Butter
- 250 ml Sahne
- 100 g Parmesan
- Salz und Pfeffer
- 1 Prise Muskatnuss (optional)

Zubereitung siehe: Fettuccine Alfredo, Seite 82

Verwendungszweck: Nudelgerichte, Fleischgerichte

Teriyaki-Soße

Zutaten:

- 4 EL Sojasoße
- 2 EL Honig
- 1 EL Essig
- 1 TL geriebener Ingwer
- 1 TL Speisestärke

Zubereitung siehe: Rinderstreifen mit Paprika in Teriyaki-Soße, Seite 85

Verwendungszweck: Reisgerichte, Nudelgerichte, Fleischgerichte

Dips

Zitronen-Butter

Zutaten:

- 50 g Butter
- 1 Zitrone (Saft und Abrieb)
- 1 TL Honig
- 1 Knoblauchzehe (gehackt)
- 1 EL Petersilie (optional)

Zubereitung siehe: Lachsfilet mit Zitronenbutter & Gemüse, Seite 87

Verwendungszweck: Fleischgerichte, Fischgerichte

Knoblauch-Kräuter-Butter

Zutaten:

- 100 g weiche Butter
- 1 Knoblauchzehe (gepresst)
- 2 EL gehackte frische Kräuter (z. B. Petersilie, Thymian, Rosmarin)
- 1 TL Zitronensaft
- 1/2 TL Salz
- 1/2 TL Pfeffer

Zubereitung siehe: Grillsteak mit Knoblauch-Kräuter-Butter, Seite 110

Verwendungszweck: Fleischgerichte, Fischgerichte

Glossar

Hier findet ihr Erklärungen zu gängigen Fachbegriffen aus der Küche. Nicht alle werden in diesem Buch genutzt, aber so wisst ihr wo ihr nachschlagen könnt, wenn in anderen Büchern oder im Internet ein Begriff vorkommt, den ihr nicht kennt.

EL: Esslöffel, **TL**: Teelöffel, **TK**: Tiefkühlprodukt

Ablöschen – Eine heiße Pfanne oder einen Bratensatz mit Flüssigkeit (z. B. Wein, Brühe oder Wasser) übergießen, um Aromen zu lösen und eine Soße zu bilden.

Abschmecken – Den Geschmack eines Gerichts kontrollieren und bei Bedarf mit Gewürzen, Salz oder Säure verfeinern.

Abschrecken – Gekochte Lebensmittel (meist Gemüse, Nudeln oder Eier) in eiskaltes Wasser geben, um den Garprozess zu stoppen.

Abziehen – Flüssigkeit (z. B. eine Soße) durch ein Sieb oder ein Tuch laufen lassen.

Angießen – Flüssigkeit (z. B. Brühe oder Wein) nach und nach in ein Gericht geben, um es zu garen oder die Konsistenz zu verändern.

(Glasig) Anschwitzen – Zutaten (z. B. Zwiebeln oder Gemüse) in wenig Fett bei niedriger Temperatur anbraten, ohne sie braun werden zu lassen.

Aufschäumen – Flüssigkeiten (z. B. Milch) durch Erhitzen und Rühren mit Luft auflockern.

Auslassen – Fett aus Speck oder anderen fettigen Lebensmitteln durch Erhitzen herauslösen.

Ausrollen – Teige (z. B. für Kuchen oder Pizza) mit einem Nudelholz auf die gewünschte Dicke bringen.

Beizen – Lebensmittel (z. B. Fisch oder Fleisch) in einer Mischung aus Salz, Zucker & Gewürzen einlegen.

Binden – Flüssigkeiten mit Bindemitteln wie Mehl, Stärke oder Eigelb andicken.

Blanchieren – Lebensmittel kurz in kochendem Wasser garen und dann abschrecken, um die Farbe oder Struktur zu erhalten.

Bridieren – Fleisch oder Geflügel mit Garn zusammenbinden, um eine gleichmäßige Form zu erhalten.

Deglacieren – Den Bratensatz in der Pfanne mit Flüssigkeit (z. B. Wein, Brühe) lösen, um eine Soße herzustellen.

Dressieren – Mit einer Spritztüte Teig, Sahne oder andere Massen in eine gewünschte Form bringen.

Emulgieren – Zwei nicht mischbare Flüssigkeiten (z. B. Öl und Essig) zu einer stabilen Mischung verbinden.

Flambieren – Speisen mit Alkohol übergießen und anzünden, um ein Aroma zu erzeugen.

Glasieren – Speisen (z. B. Gemüse oder Gebäck) mit einer glänzenden Schicht überziehen.

Julienne schneiden – Lebensmittel in feine, gleichmäßige Streifen schneiden.

Karamellisieren – Zucker erhitzen, bis er schmilzt und goldbraun wird. Auch Lebensmittel mit Zucker bestreuen und unter Hitze eine Karamellschicht bilden lassen.

Klären – Brühen oder Soßen durchsichtig machen, meist durch die Zugabe von Eiweiß.

Montieren – Soßen mit kalter Butter oder Sahne verfeinern, um sie cremiger zu machen.

Parieren – Fleischstücke von Sehnen, Fett oder Haut befreien.

Pochieren – Lebensmittel bei niedriger Temperatur (ca. 60–80°C) in Flüssigkeit garen.

Reduzieren – Eine Flüssigkeit durch längeres Einkochen konzentrieren und eindicken.

Sautieren – Zutaten in einer Pfanne bei starker Hitze unter ständigem Schwenken kurz braten.

Schlagen – Flüssigkeiten (z. B. Sahne) mit einem Schneebesen oder Mixer aufschäumen.

Schmoren – Fleisch oder Gemüse zuerst anbraten und dann langsam in wenig Flüssigkeit garen.

Stocken lassen – Flüssige Masse (z. B. Eierstich oder Pudding) bei niedriger Hitze fest werden lassen.

Tranchieren – Fleisch, Geflügel oder Fisch in Stücke schneiden und anrichten.

Unterheben – Zutaten vorsichtig mit einer Masse (z. B. Eischnee) vermengen, ohne die Luftigkeit zu zerstören.

Verfeinern – Gerichte mit besonderen Zutaten wie Sahne, Butter oder Gewürzen abschließend abrunden.

Ziselieren – Lebensmittel (meist Fisch oder Fleisch) mit feinen Schnitten versehen, um das Garen zu erleichtern.

Einkaufsliste für die Basics eurer Vorratskammer

Trockene Zutaten:

- Mehl
- Zucker
- Reis
- Nudeln
- Kartoffeln
- Zwiebeln
- Knoblauch
- Haferflocken
- Gemüsebrühe (Pulver)
- Parmesan oder Grana Padano (optional)

Gewürze:

- Salz
- Pfeffer
- Paprika (edelsüß, optional scharf)
- Curry
- Chili
- Zimt
- Muskat (optional)
- Kreuzkümmel (optional)
- Koriander (optional)
- Thymian (optional)
- Rosmarin (optional)
- Majoran (optional)
- Garam Masala (optional)
- Italienische Kräutermischung (optional)

Öle, Fette und Essig:

- Olivenöl
- Sonnenblumen- oder Rapsöl
- Butter
- Apfel-, Wein- oder Tafelessig

Konserven und Gläser:

- Gehackte Tomaten
- Mais
- Bohnen
- Eingelegte Gurken
- Thunfisch

Tiefkühlkost:

- Beeren
- Gemüsemischungen, Erbsen, Paprika, etc.
- Kräuter

Soßen und Pasten:

- Senf
- Tomatenmark
- Ketchup
- Mayonnaise
- Zitronensaft
- Soja Soße oder Maggi Würze

Frische Kräuter (optional):

- Basilikum
- Petersilie
- Schnittlauch
- Rosmarin
- Thymian
- Minze

Printed in Poland
by Amazon Fulfillment
Poland Sp. z o.o., Wrocław

50733262R00085